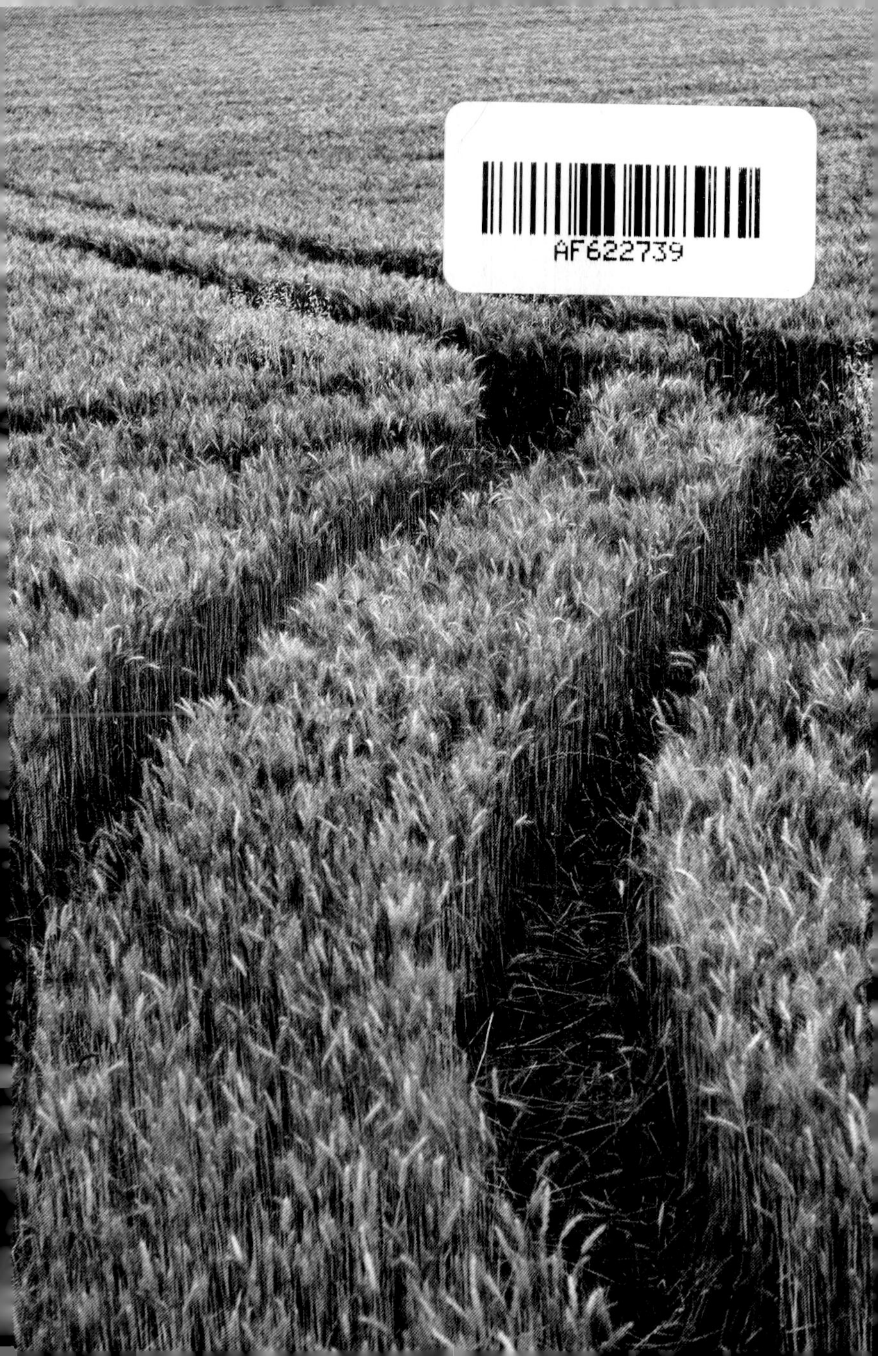

Biblioteca PHotoBolsillo

# Samuel Aranda

PHotoBolsillo LA FABRICA

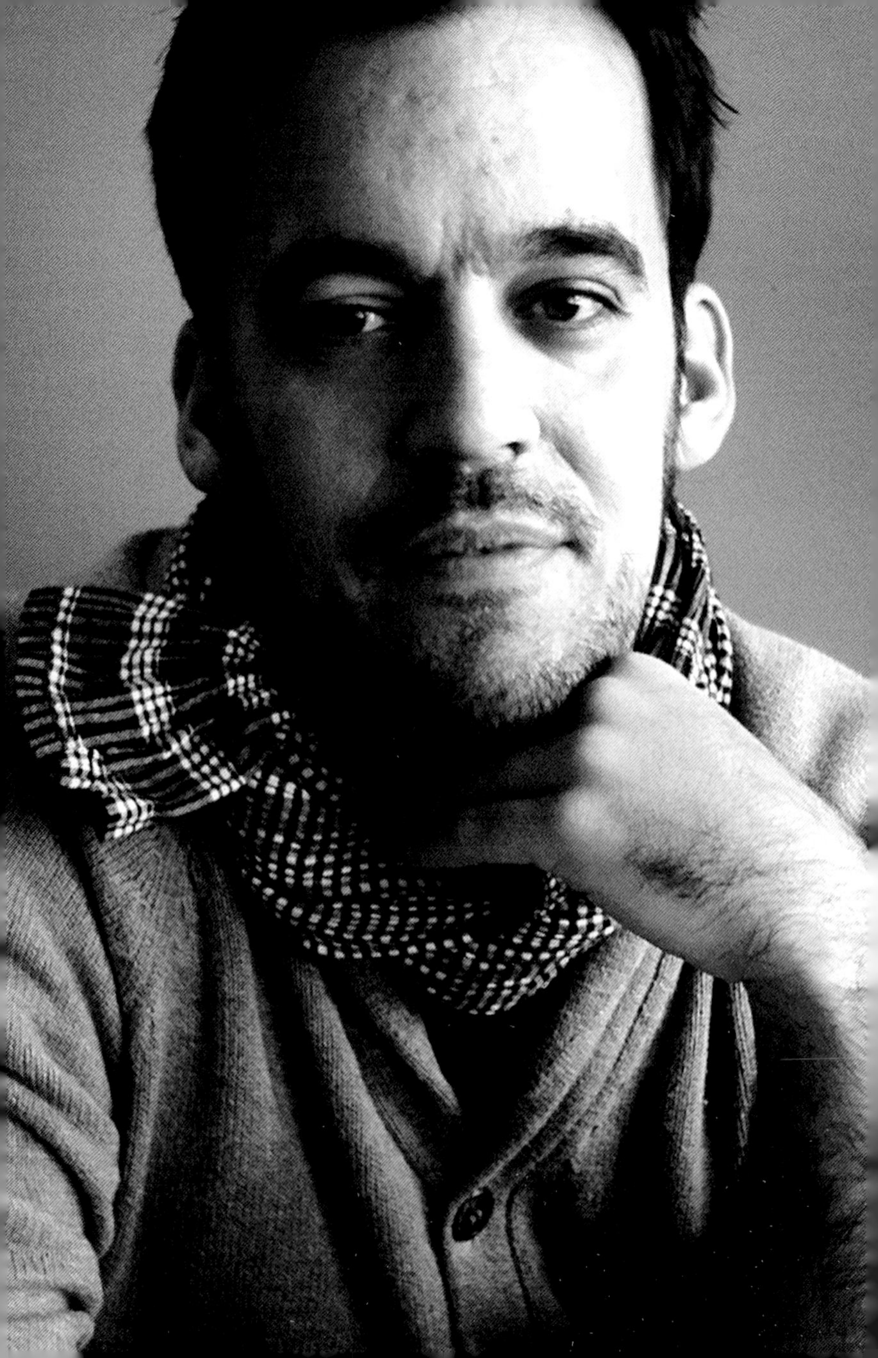

# Samuel Aranda
## Para un mundo mejor
Agustí Carbonell

Samuel Aranda fotografiado
por Lindsay Mackenzie

Hay dos momentos en la vida de Samuel Aranda, fotógrafo nacido en 1979 en Santa Coloma de Gramenet, que me gusta subrayar. El primero es cuando en 2012 una de sus obras fue galardonada como Foto del Año por los prestigiosos premios World Press. Samuel retrató en Yemen una Piedad contemporánea en la que una mujer vestida de negro abraza a su hijo herido, y la publicó en *The New York Times.* Unos meses después, el premio supuso su consolidación internacional como fotógrafo preocupado por la emigración, los conflictos y los temas sociales en todo el mundo.

El segundo momento, de un eco mucho menor, ocurrió bastantes años antes y tiene como protagonista a un joven Samuel que intentaba abrirse paso como fotógrafo en Santa Coloma. En aquel tiempo solía acompañar a Joan Guerrero, otro excelente fotógrafo de esta ciudad crecida en los años sesenta al impulso de las oleadas migratorias. Juntos paseaban por lugares límite en busca de fotos que reflejaran los cambios en la sociedad. Lo cuenta Joan Guerrero en *La caja de cerillas,* el documental que le dedicó David Airob: «Hace años entré en una nave industrial abandonada. Iba conmigo un joven, Samuel Aranda. Entonces descubrí una foto: un inmigrante joven solo en medio de la gran nave, con una pintada al fondo que decía: "Okupado". Hice la foto y le dije: "Samuel, hazla tú". Y él me dijo: "No, maestro, la foto es tuya"... Esto, los de los codazos, los que se creen los reyes del mambo, no lo hubieran hecho... Ahora que le han dado a Samuel

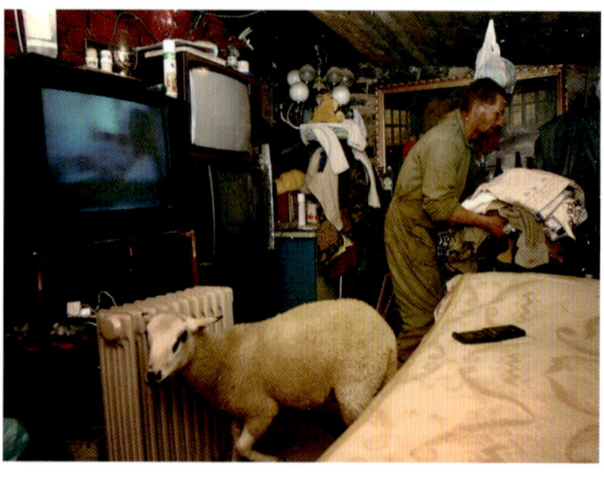

Barcelona, 2003

Antonio en su hogar, un cuarto de contadores. Barcelona, 2004

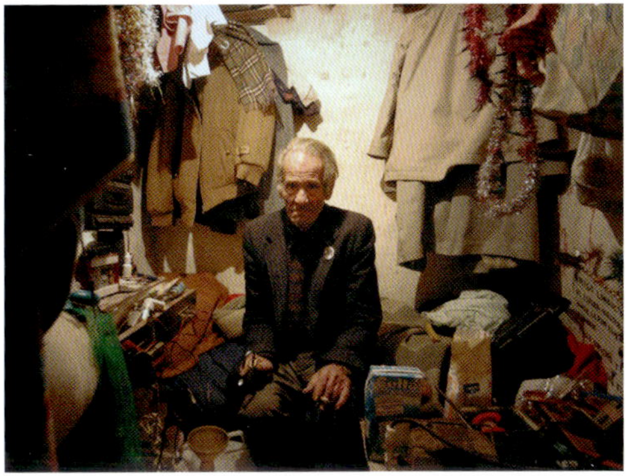

el premio World Press es como si me lo hubieran dado a mí. ¿Qué digo? ¡Mucho más!».

Son dos momentos que definen a un gran fotógrafo. Los inicios de Samuel Aranda en Santa Coloma no fueron fáciles. Trataba de encontrarse a sí mismo y de abrirse camino, pero era duro. A los 12 años le expulsaron del colegio por escribir una carta de amor a una compañera de clase; a los 16 empezó a pintar graffitis para expresarse. Los retrataba para documentarlos, y quizás ahí nació su pasión por la fotografía. Samuel se sentía fotógrafo, pero era consciente de lo difícil que sería hacerse un hueco en esta profesión. Por eso aceptó un primer trabajo que consistía en controlar los contadores de la compañía Gas Natural. Las horas libres, sin embargo, las aprovechaba para hacer fotos con su amigo Guillem Valle, un fotógrafo surgido del movimiento okupa.

La primera foto que vendió Samuel, a *El Periódico de Catalunya,* fue la del derrumbe de una nave industrial. Poco a poco se fue abriendo camino, consiguió vender fotos también a *El País* y en 2001 decidió apostar fuerte. Dejó «el Gas», como a él le gusta decir, y viajó a Palestina, en lo que fue su primera aventura en el mundo árabe. A partir de aquí, su formación como fotoperiodista dio un gran salto. La agencia Efe le compró algunas fotos del conflicto palestino-israelí y, más adelante, la agencia France Press le propuso fotografiar en la isla canaria de Fuerteventura la llegada de inmigrantes africanos en patera. Allí fue donde lo

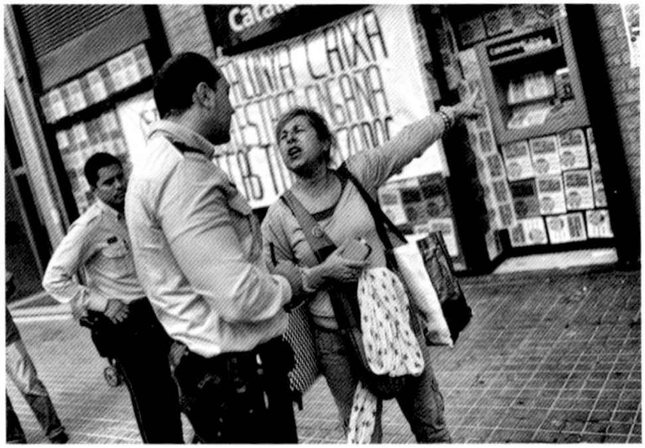

Barcelona, 2012

conocí. Le ofrecieron un mínimo de 450 euros al mes por muchas horas de espera y por patearse las playas sin descanso. Le gustaba lo que hacía.

Aquel reportaje fue el punto de partida de dos de sus proyectos más completos, *Immigration* y *Under-age immigrants in Spain,* con una serie de fotos que ilustran la dura vida de los inmigrantes africanos que cruzan el desierto del Sáhara, consiguen llegar a Ceuta y Melilla, saltan el estrecho en frágiles pateras, son recluidos en centros de internamiento y luchan por abrirse paso en España.

Más adelante, esta vez de la mano de France Press, Samuel viajó de nuevo a Palestina para ilustrar un conflicto que le interesaba. Allí conoció a dos grandes fotoperiodistas, Emilio Morenatti y Enric Martí, con los que le une desde entonces una estrecha amistad. En aquel viaje, por cierto, surgió una nueva imagen de solidaridad; cuando a Samuel le robaron su equipo, Enric le dejó su cámara para que pudiera continuar haciendo fotos.

De regreso a España, trabajó durante un tiempo para *El Periódico de Catalunya,* primero en la redacción de Barcelona y después en la de Madrid. Recuerdo que cuando hablábamos por teléfono siempre lo notaba inquieto, como un pez fuera del agua, como si le faltara el aliento lejos de la acción. Si surgía algún reportaje de tres o cuatro días fuera de la ciudad, lo cubría él. Ponía tanta pasión en lo que hacía que era como un galgo al que le abres la puerta y sale zumbando. Era un perfeccionista. Cuando editaba las fotos, le gustaba estar en todo el proceso: discutía cada una, quería ver el diseño de la página y no se iba tranquilo hasta que no veía cómo se publicaría.

Después de permanecer un tiempo en la rutina de un periódico, Samuel volvió a viajar a lugares de conflicto, a países que le atraían y le inspiraban. En los últimos años ha hecho reportajes en India, Irán, Pakistán, Uzbekistán, Líbano, Egipto, Túnez, Yemen, Sudáfrica, Rumanía, Moldavia, China y Colombia. Algunos se los encargó Pepe Baeza, editor gráfico de *La Vanguardia;* otros los publicó en *The New York Times.*

Recuerdo, de entre los trabajos de Samuel, uno de sus proyectos más personales, *Pakistan in Kodachrome,* una mirada tranquila sobre la vida cotidiana del país que desprende una gran fuerza. Cuando lo vi por primera vez me dio la impresión de que era como si Samuel se hubiera mimetizado con el paisaje y con las gentes que lo habitaban.

Cuenta Samuel que el hecho de ser moreno y de tener rasgos mediterráneos le facilita el trabajo en esos países árabes que tanto le atraen. Es probable, pero estoy convencido de que también le ayudan su manera de fotografiar, su honestidad y su respeto hacia las personas. En 2011 estuvo en Túnez, Libia, Egipto y Yemen, cubriendo la Primavera Árabe. Allí también dejó su huella personal: no le interesaba la primera línea de fuego, si no contar pequeñas historias de gente anónima en tiempos de transición, ilustrar cosas como el amor y la vida cotidiana en momentos de conflicto.

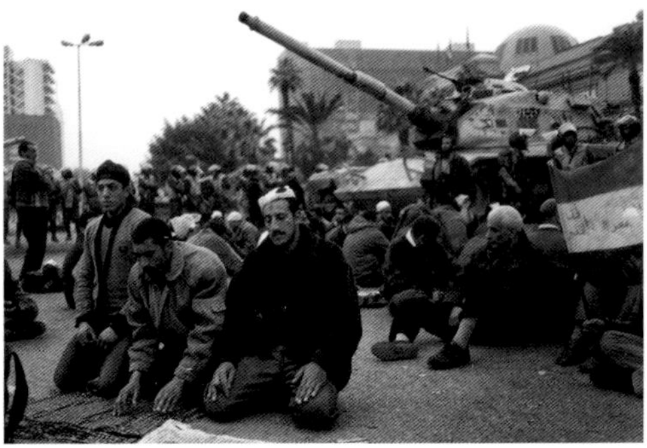

Egipto, 2011

Líbia, 2011

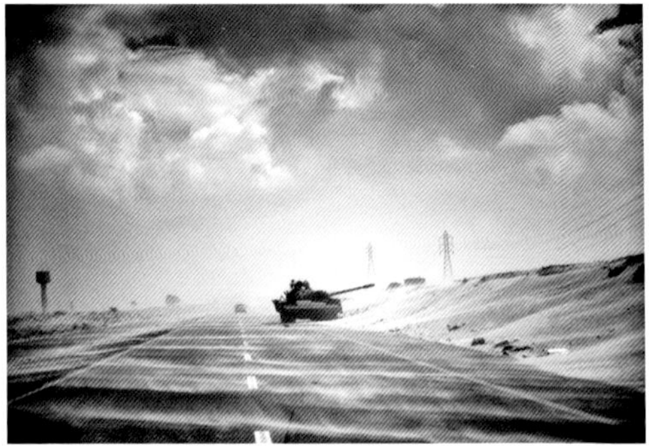

Otro de sus trabajos, *Tunisia in Transition*, insiste en esta línea, mientras que en *Libya War Landscapes* nos muestra, en una serie de excelentes fotos en blanco y negro, una carretera que atraviesa el desierto invadida por la arena y la chatarra de guerra, con tanques, coches y armas inutilizados en medio de la nada.

Pero fue en Yemen donde Samuel Aranda hizo su foto más famosa, la que figura en la portada de este libro. Después de una agitada jornada de manifestaciones y violencia, retrató en una mezquita de Saná habilitada como hospital a una mujer vestida de negro, con guantes blancos, que sostenía en sus brazos al hijo herido por un francotirador. A través de ella Samuel supo captar todo el dolor del conflicto, la compasión en medio del terror, el sinsentido de la violencia.

El premio de World Press otorgado a aquella foto supuso para Samuel el reconocimiento de un trabajo bien hecho, la culminación de muchos años de fotografía. A partir de entonces, *The New York Times* lo contrata a menudo para realizar trabajos en el norte de África, en el Próximo Oriente y también en España. A finales del 2012, uno de sus trabajos, *Spanish Crisis*, que refleja en blanco y negro la dureza de la crisis en España, tuvo un éxito inmediato y originó un debate en el que algunos políticos y periódicos españoles se obstinaron en no reconocer que aquello también es España.

Repasando las fotos de Samuel, me viene a la memoria un texto del gran fotógrafo norteamericano

William Eugene Smith: «Si pudiera hacer que mis fotografías agarraran al espectador por el corazón y le colocaran en la garganta lo enorme y terrible de la guerra, conseguiría quizás, de alguna manera, agitar la conciencia y hacer pensar». Estoy seguro de que este es también el pensamiento de Samuel, un fotógrafo que consigue remover conciencias con unas fotos que muestran las consecuencias de la guerra, contando historias cotidianas e implicándose con los que las sufren.

Samuel no quiere etiquetarse ni como fotoperiodista ni como documentalista. Se considera, simplemente, fotógrafo. Ama este oficio y necesita hacer reportajes sin limitaciones de espacio ni de temática. Cuenta que en el futuro quiere abrirse a otros formatos y temas, experimentar proyectos al margen de los medios. Está en ello. La prueba es la estrecha relación que mantiene con Juan Manuel Castro Prieto (Madrid, 1958), un fotógrafo que le maravilló cuando vio su trabajo sobre Perú.

Haga lo que haga en el futuro, estoy convencido de que Samuel Aranda seguirá adelante, ampliando horizontes con su trabajo honesto y sincero, y con sus ganas de seguir mirando el mundo a través de su cámara. Desde el fotoperiodismo, o desde cualquier otro género, seguirá ofreciéndonos unas fotos que nos harán pensar en cómo podemos hacer un mundo mejor.

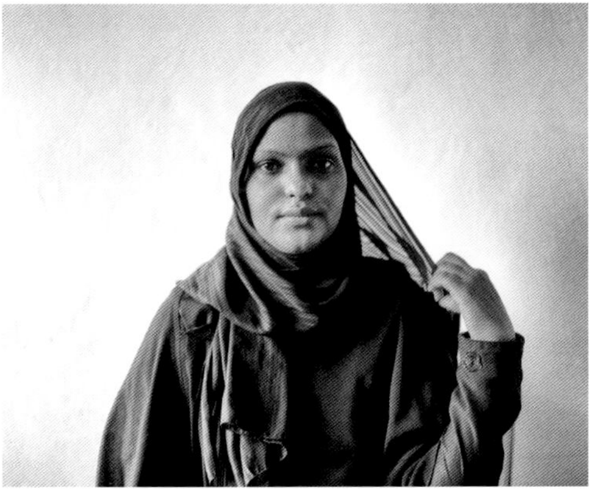

Yemen, 2012

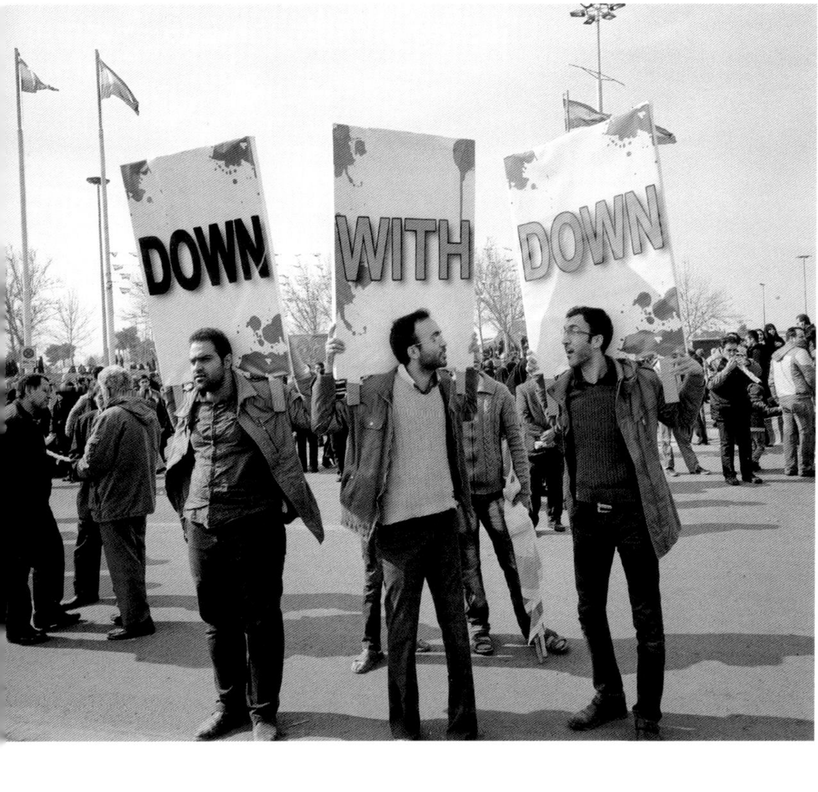


Irán, 2014

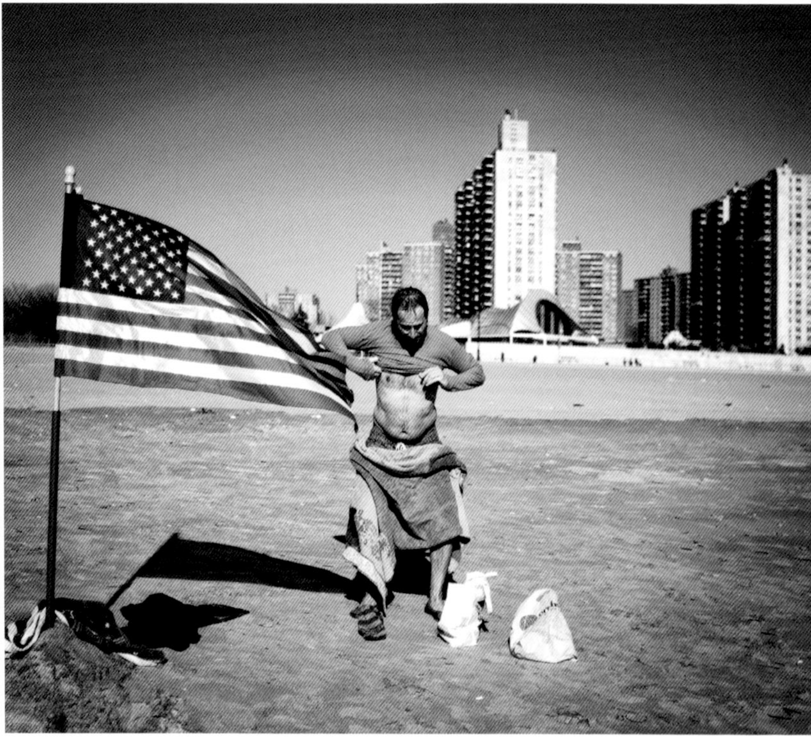

02. Nueva York, 2010

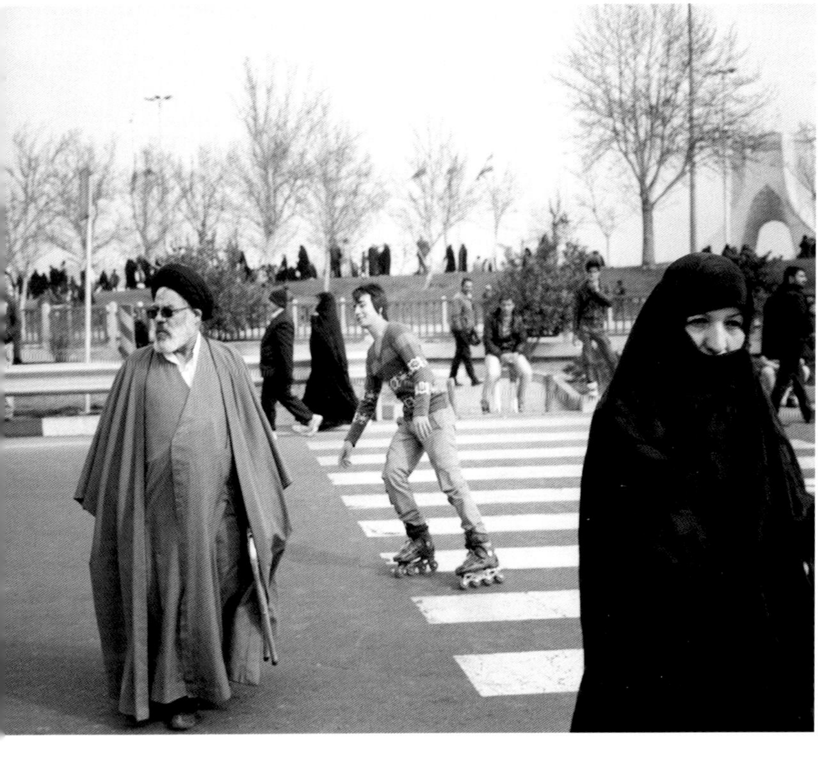

Irán, 2014

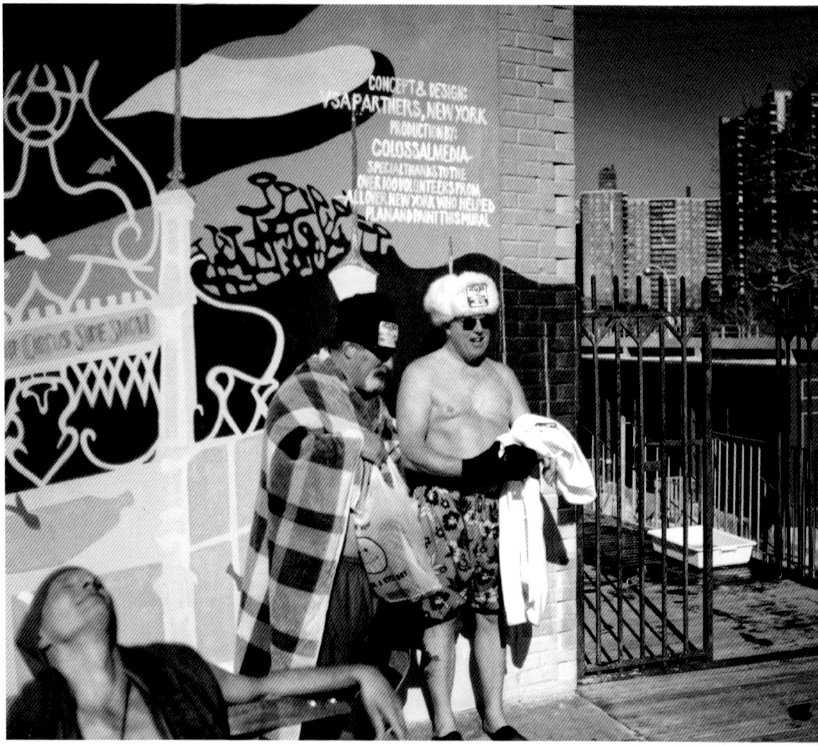


04. Nueva York, 2010

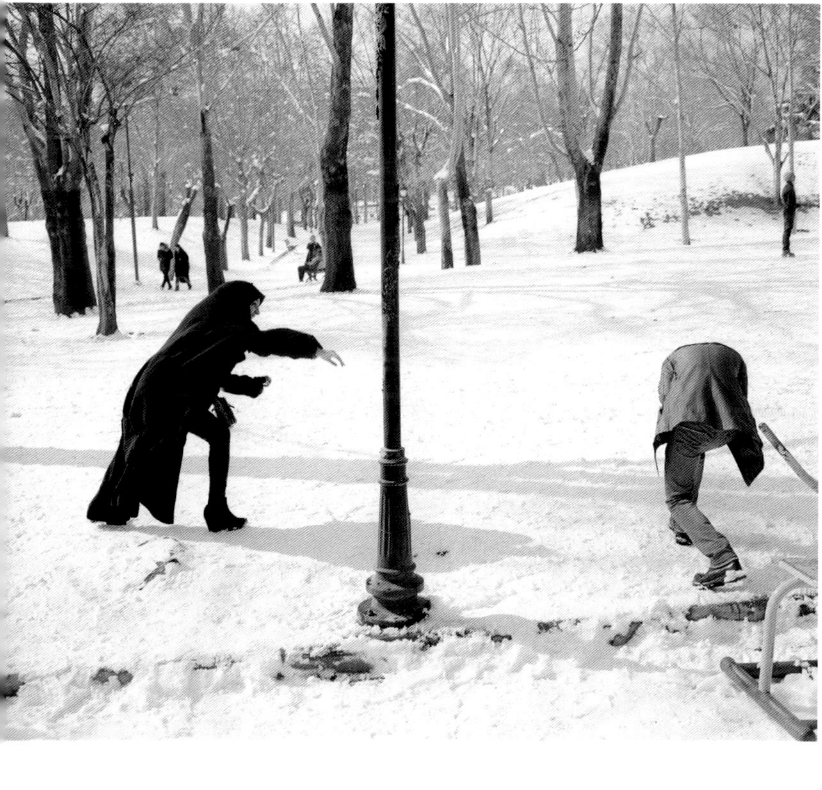

. Irán, 2014

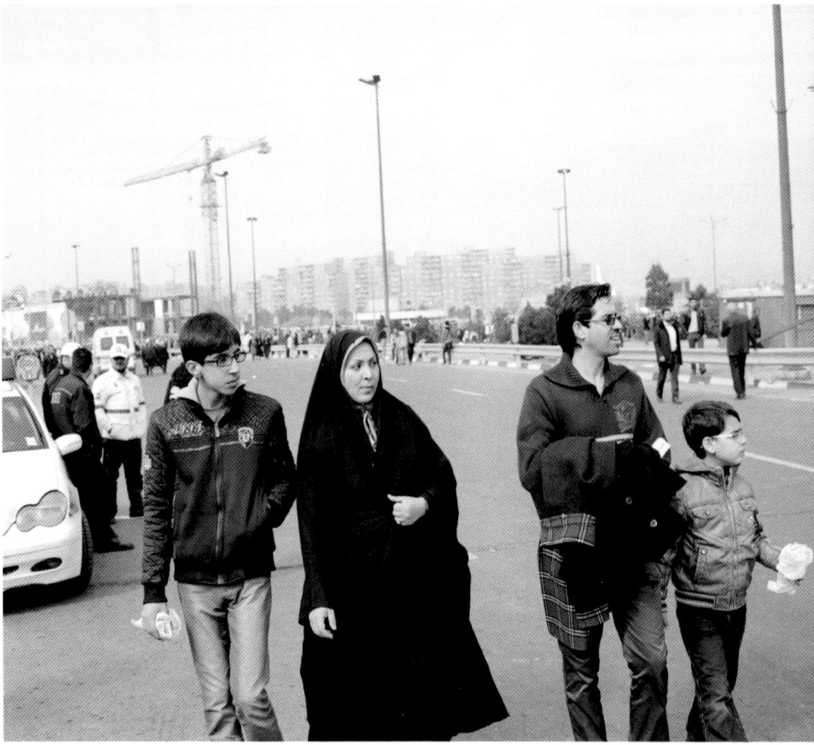

06. Irán, 2014

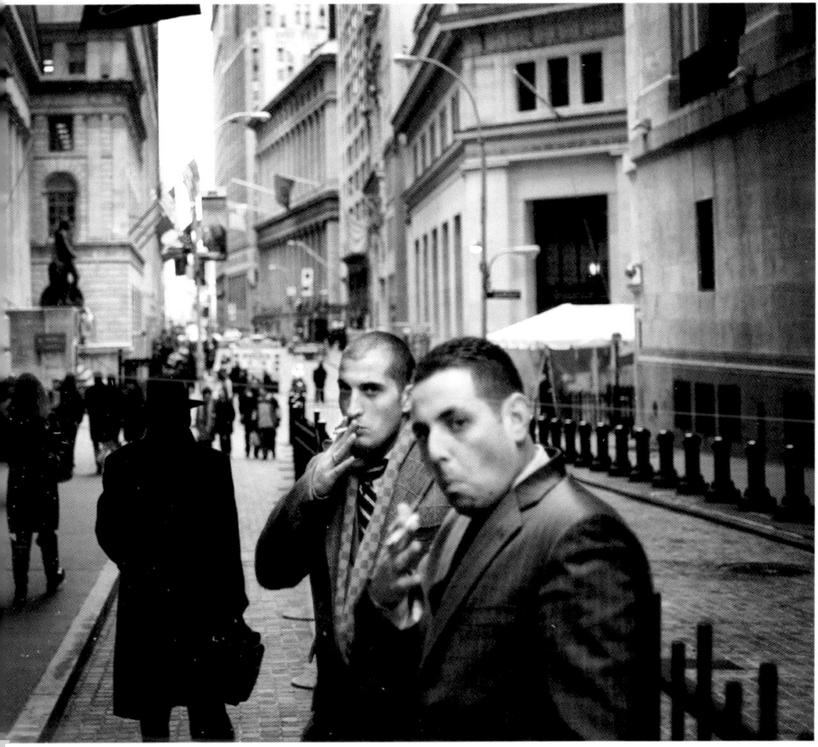

Nueva York, 2010

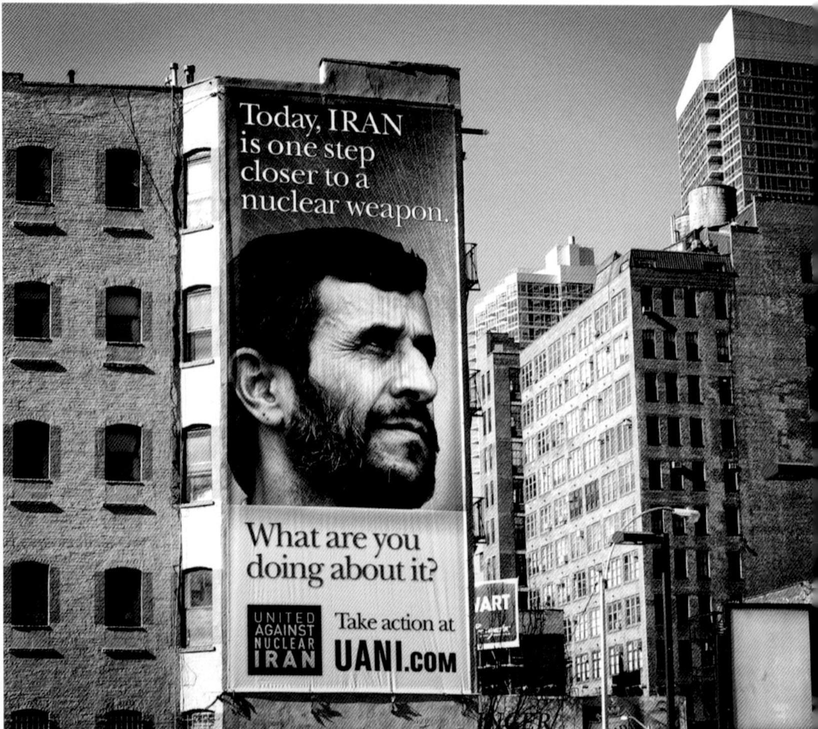


08. Nueva York, 2010

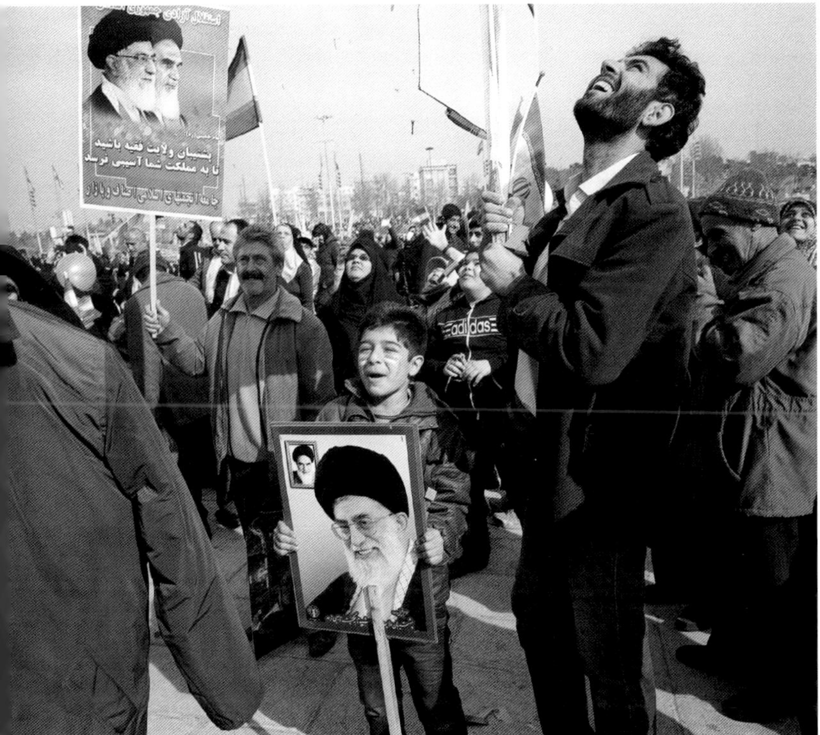


Irán, 2014

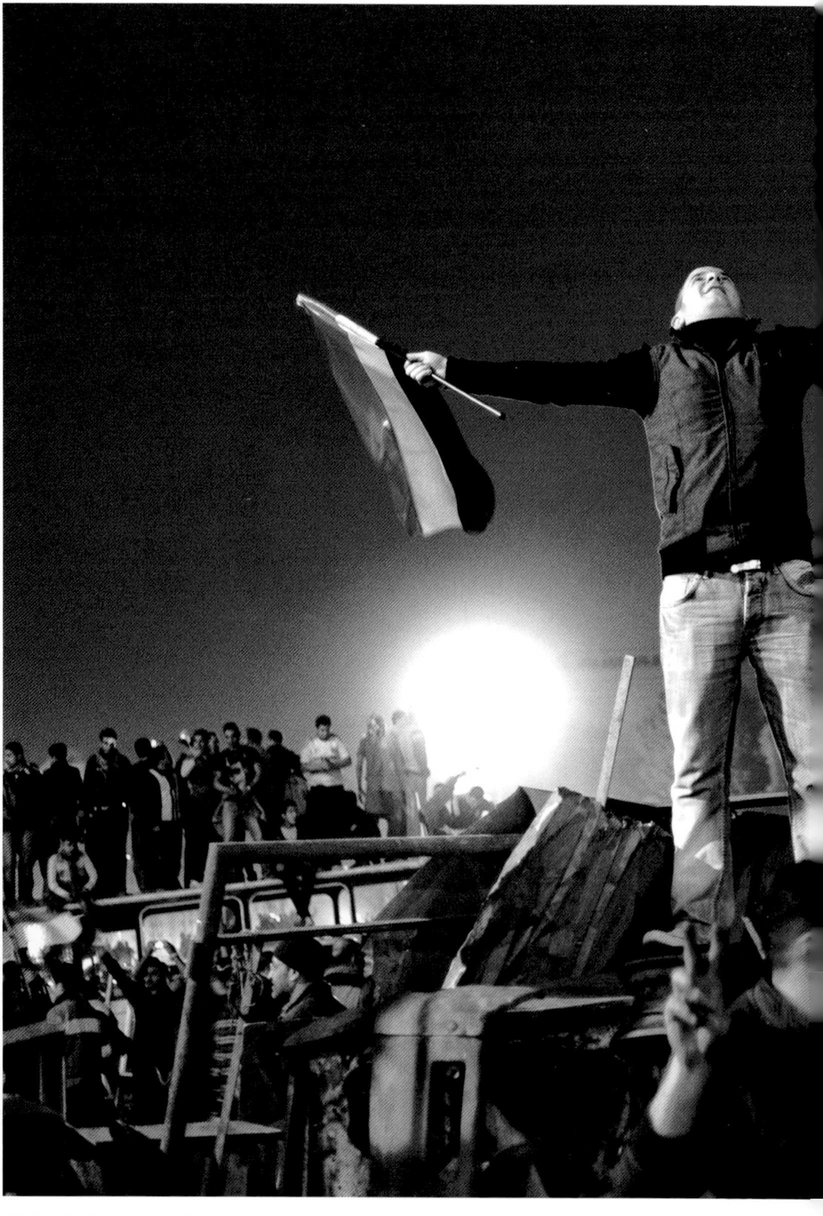

10. Caída de Mubarak. Egipto, 2011

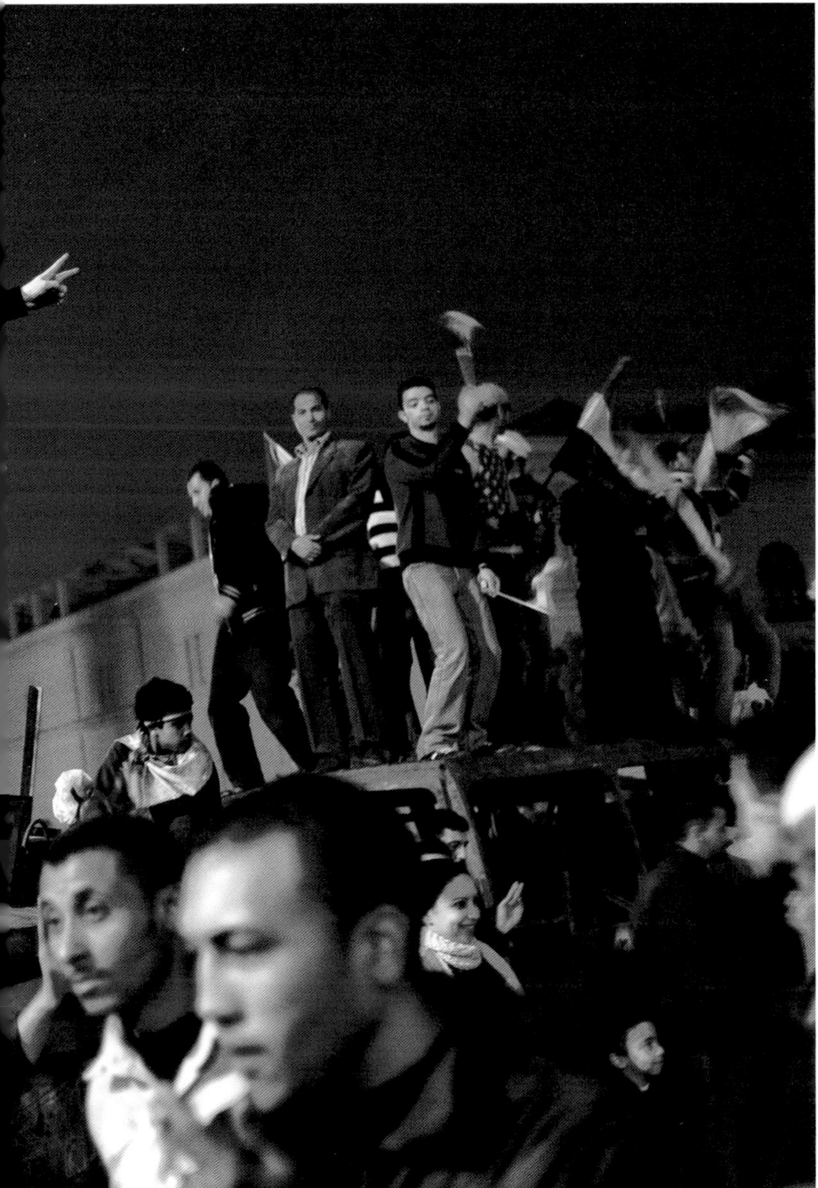

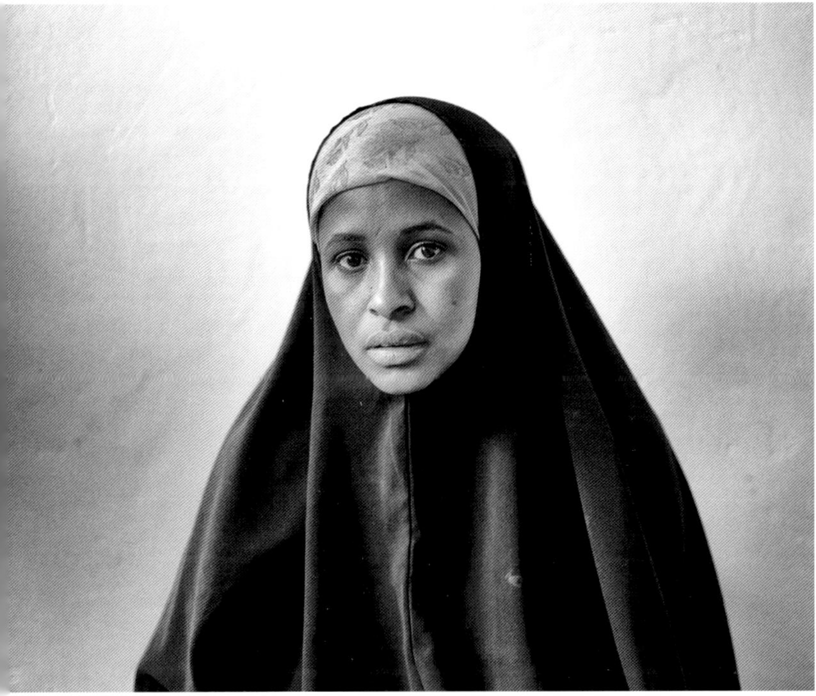

Yemen, 2012

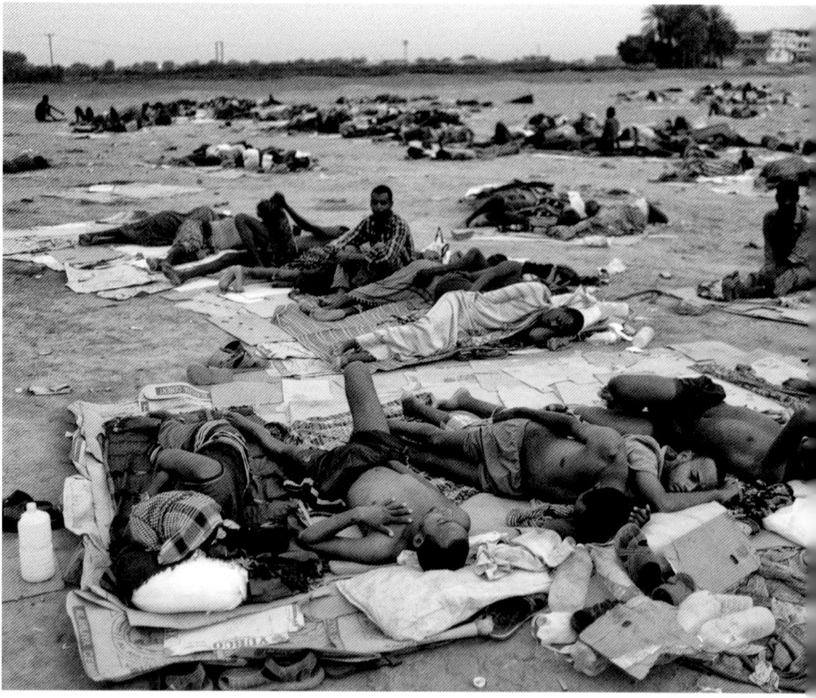

12. Yemen, 2012

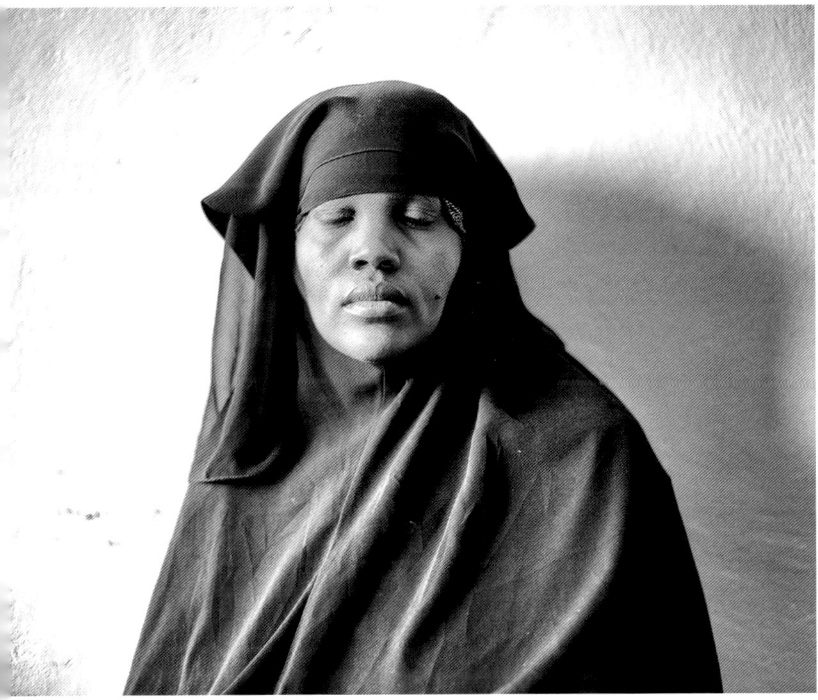

Yemen, 2012

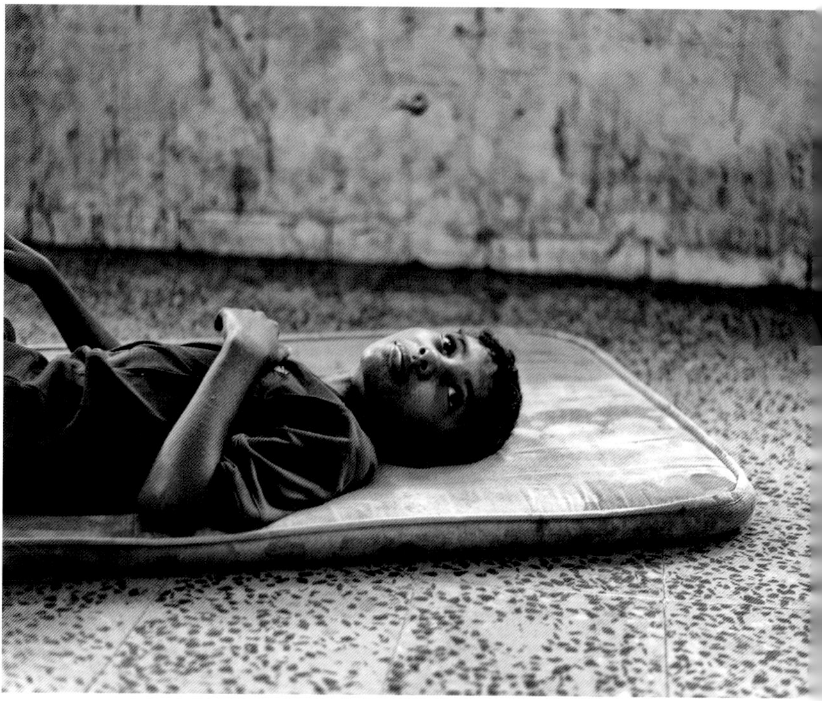

14. Yemen, 2012

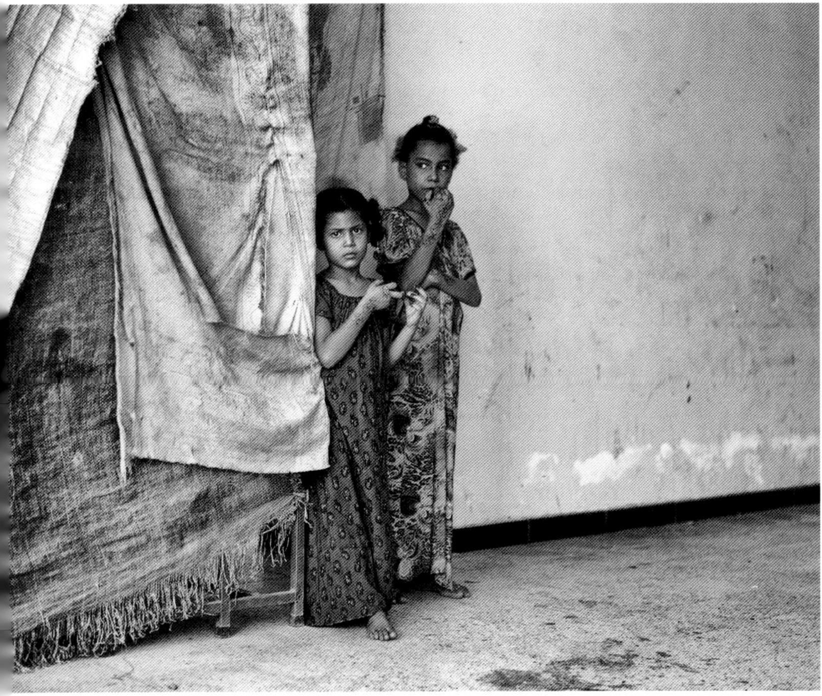

Yemen, 2012

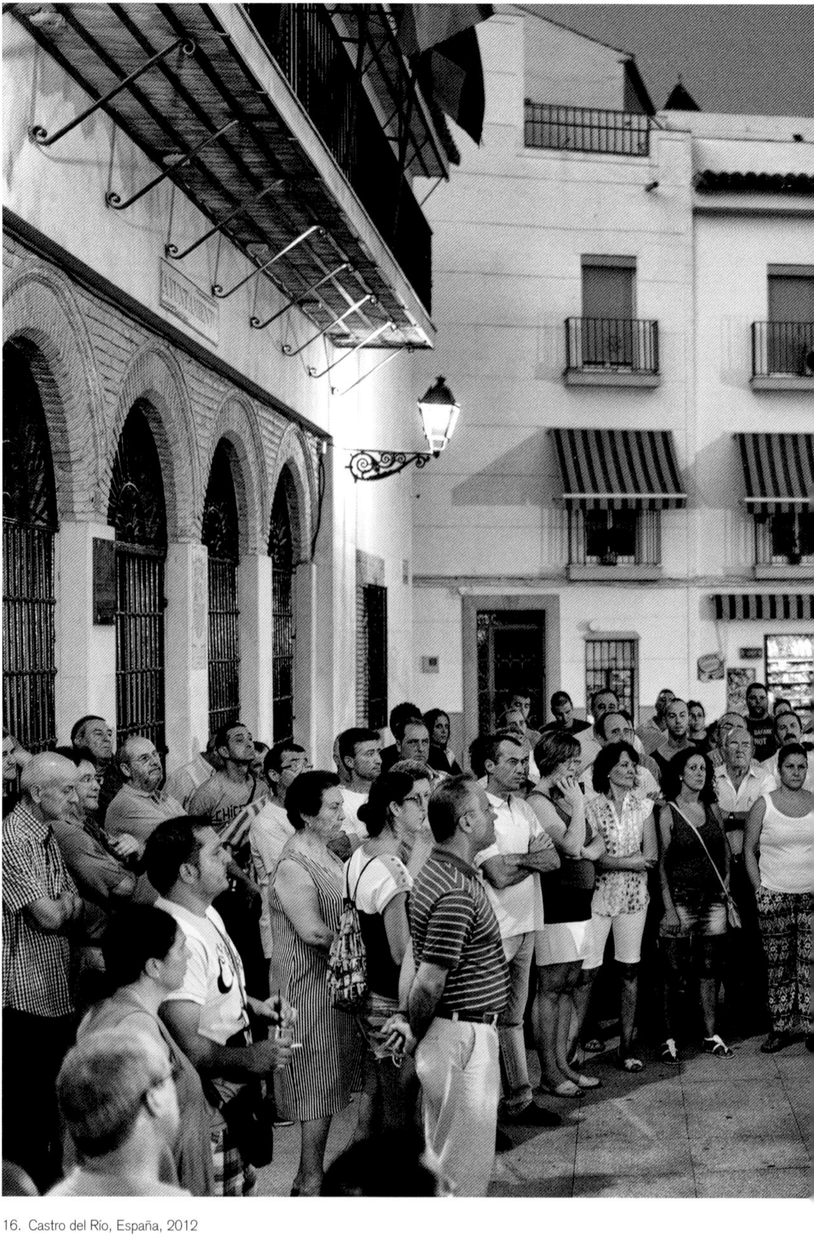

16. Castro del Río, España, 2012

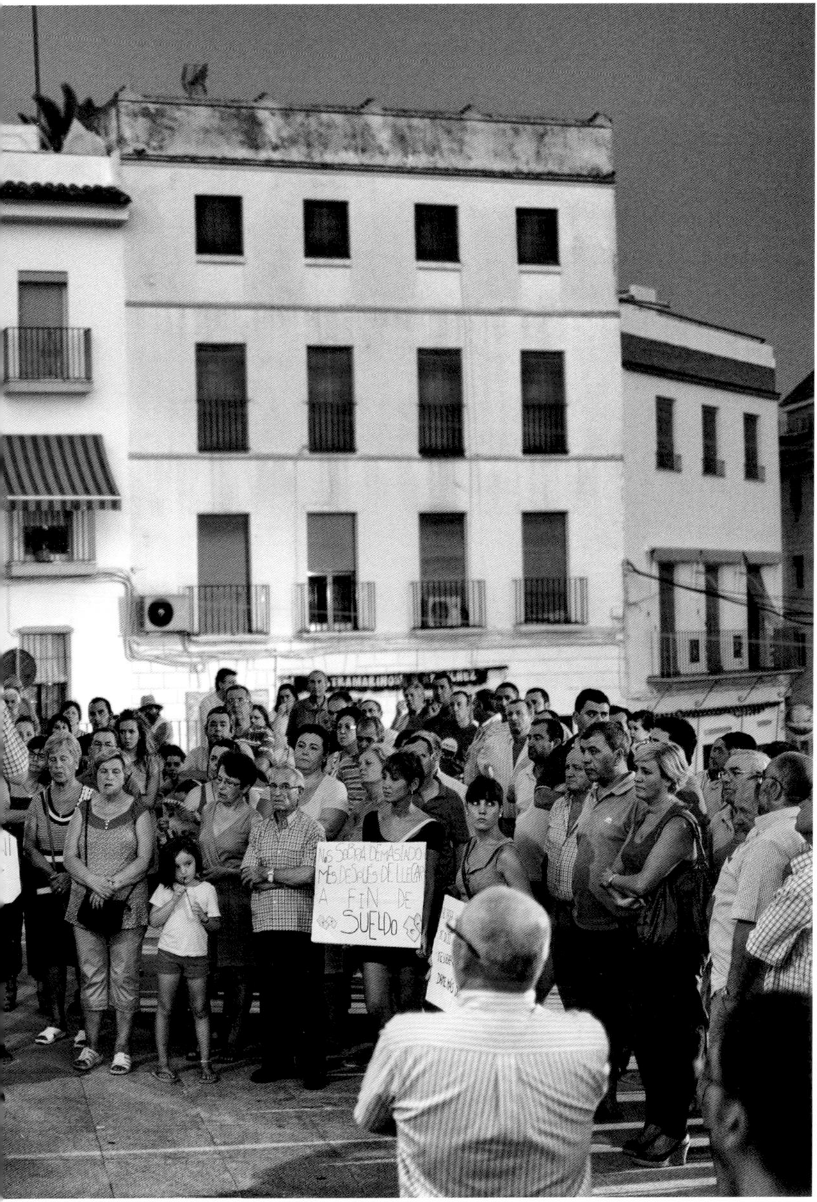
NOS SOBRA DEMASIADO
MES DESPUÉS DE LLEGAR
A FIN DE
SUELDO

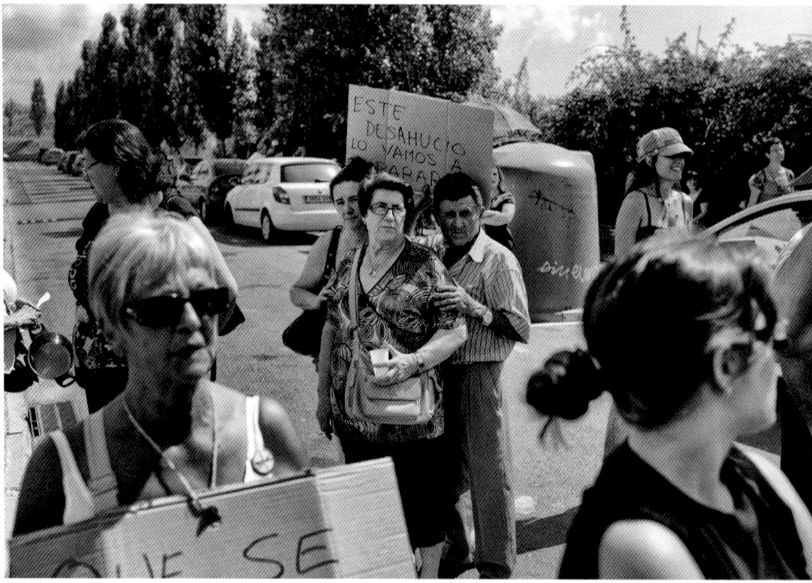


17. Viladecavalls, 2012

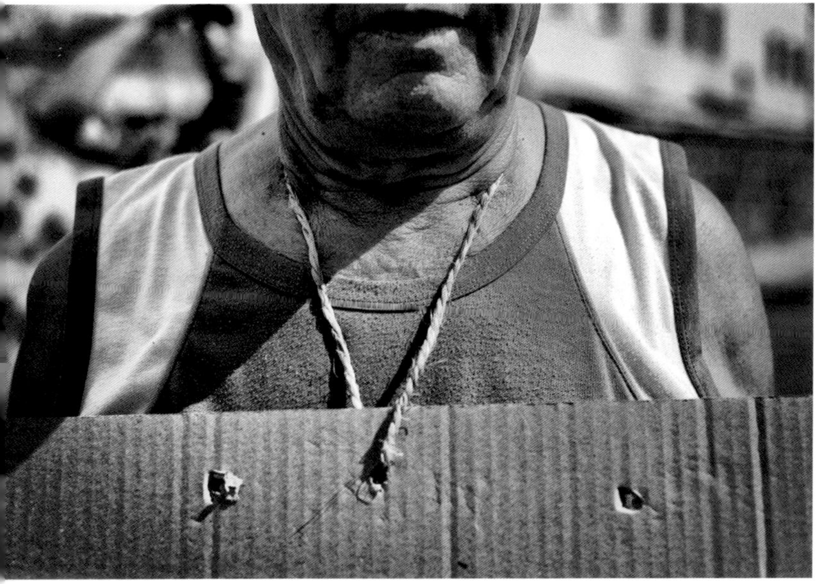

Viladecavalls, 2012

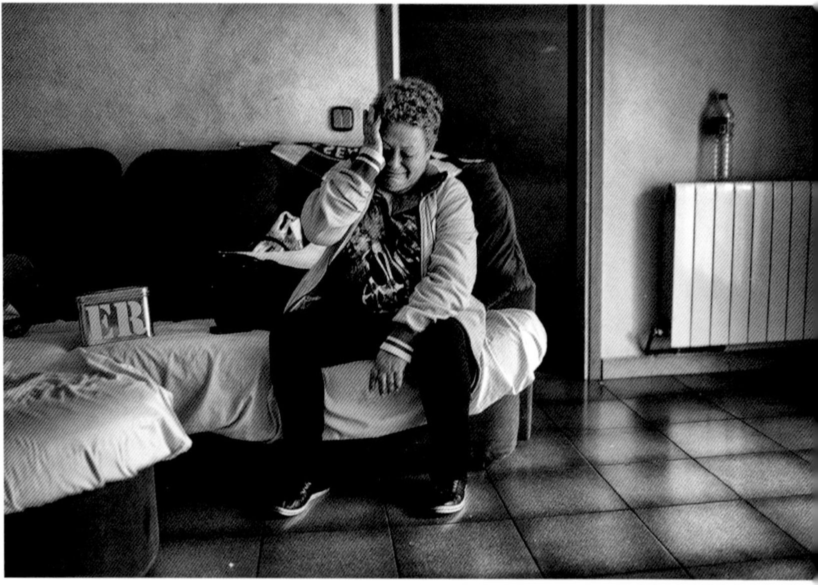

19. Terrasa, 2012

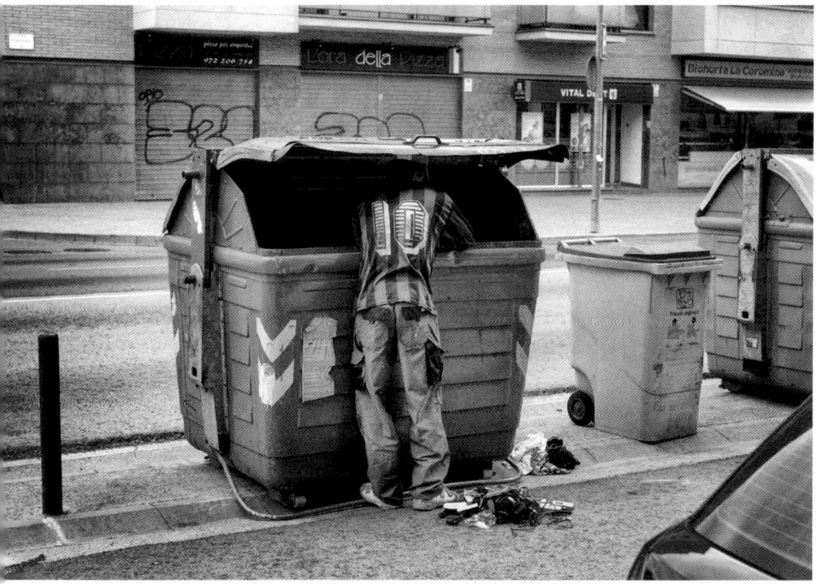


Girona, 2012

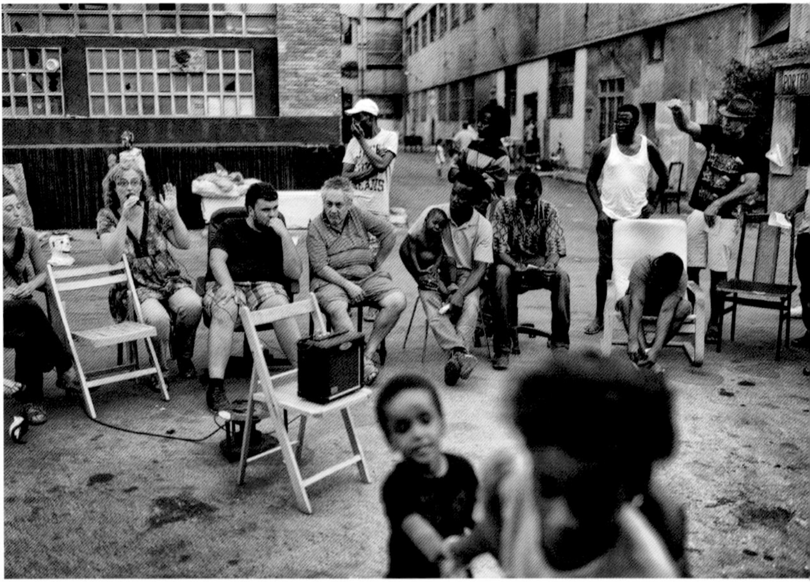

21. Barcelona, 2012

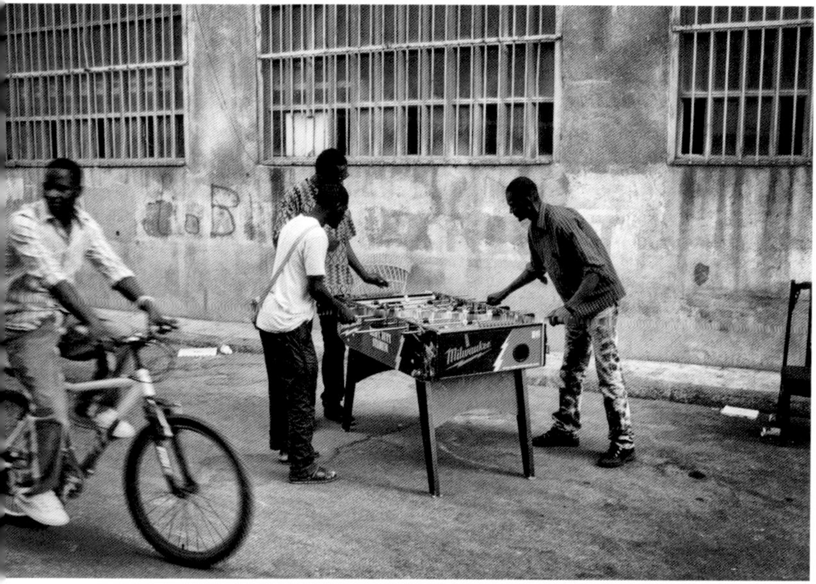

Barcelona, 2012

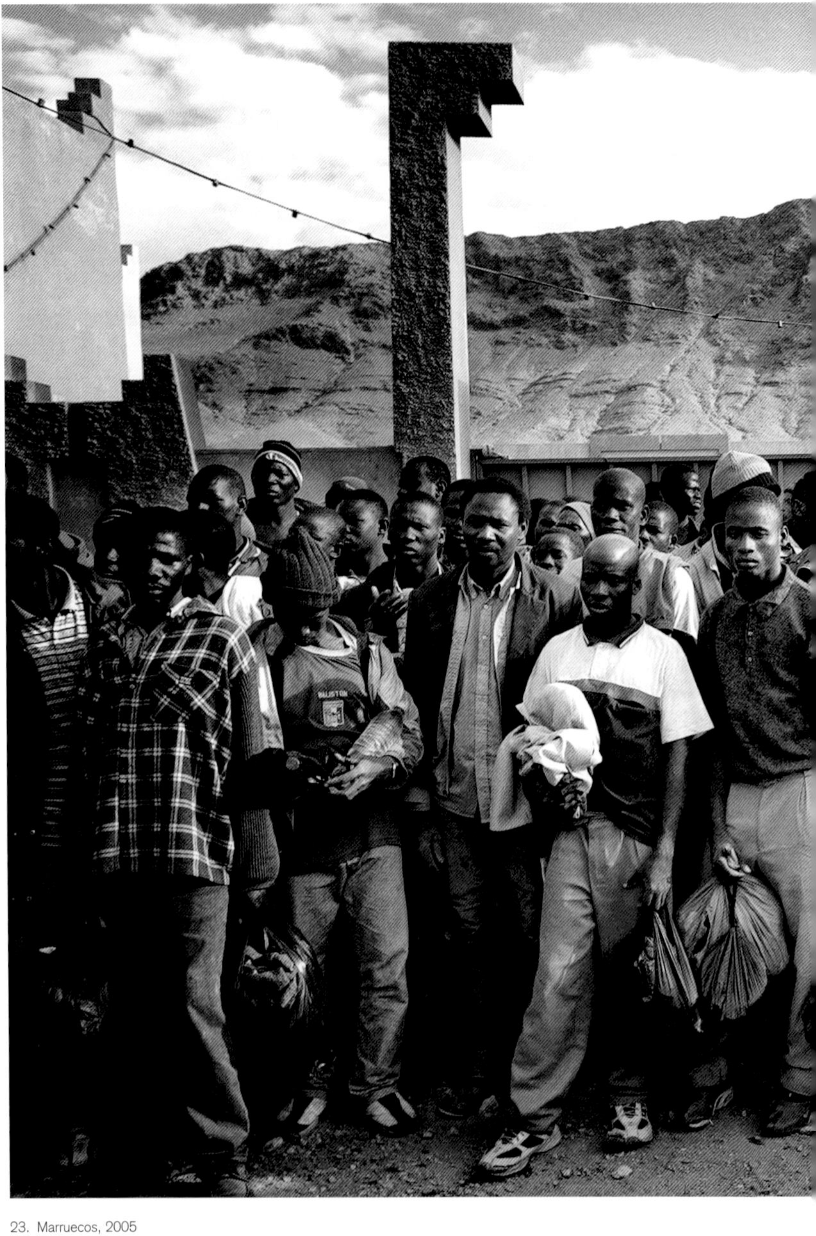

23. Marruecos, 2005

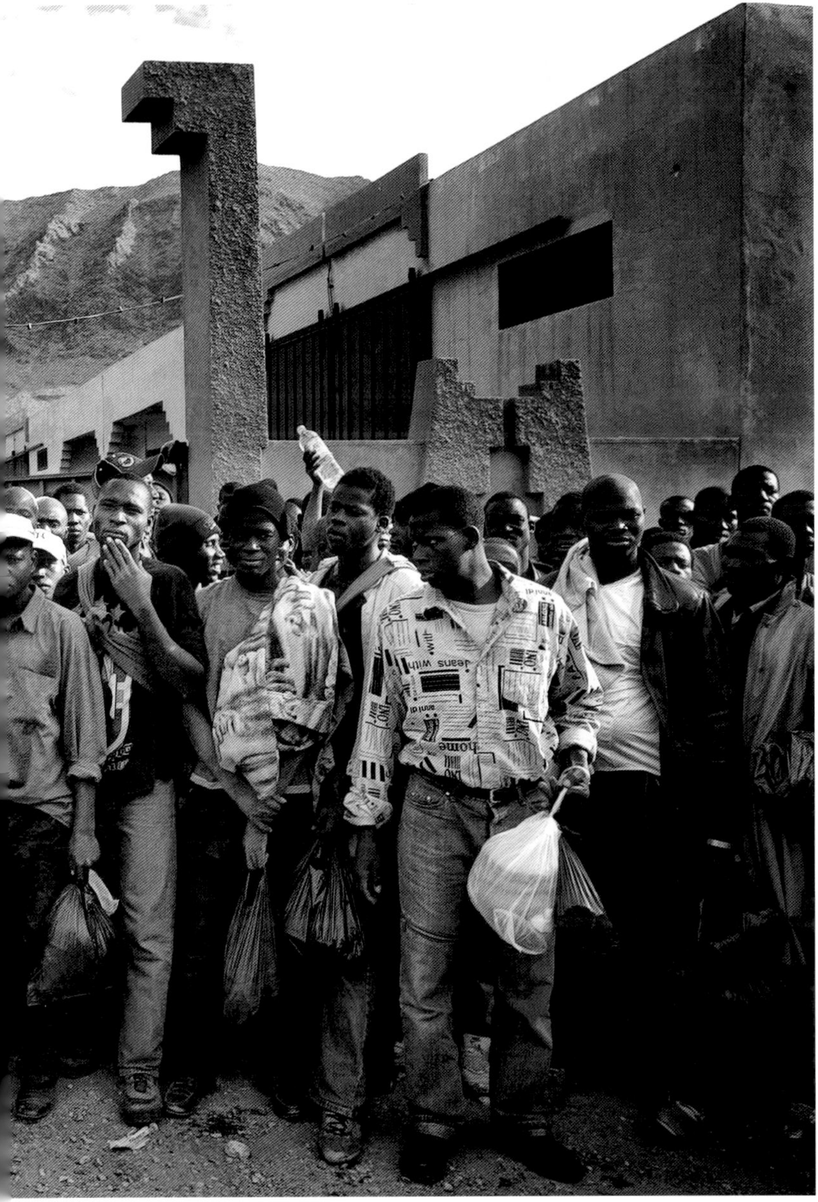

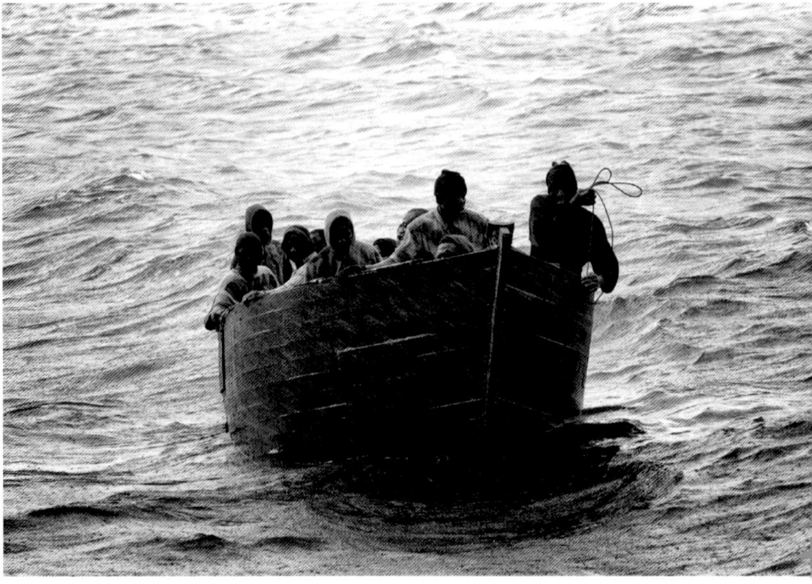

24. Fuerteventura, 2005

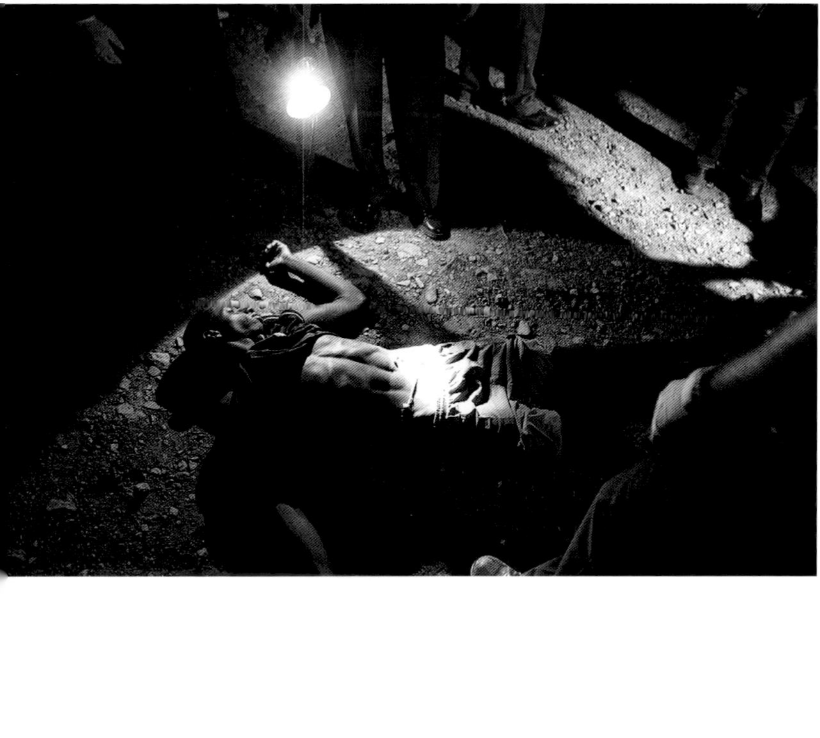

Fuerteventura, 2005

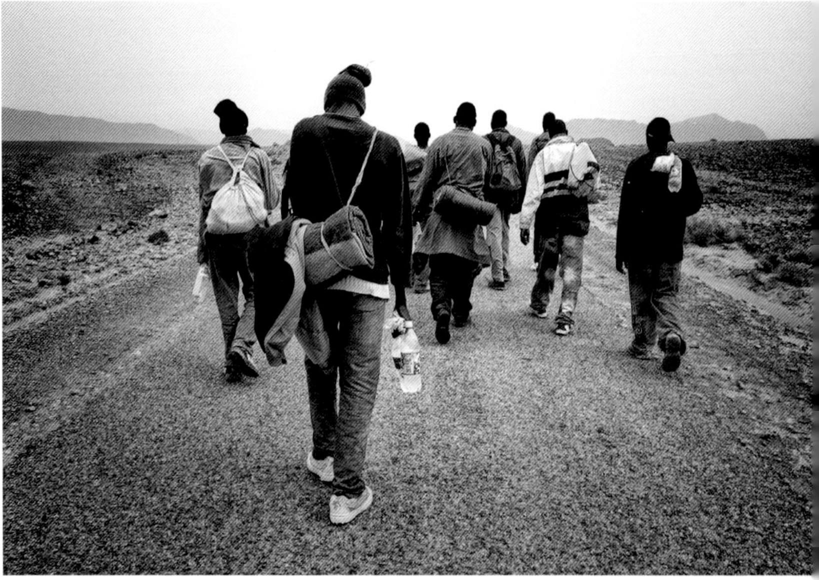

26. Marruecos, 2005

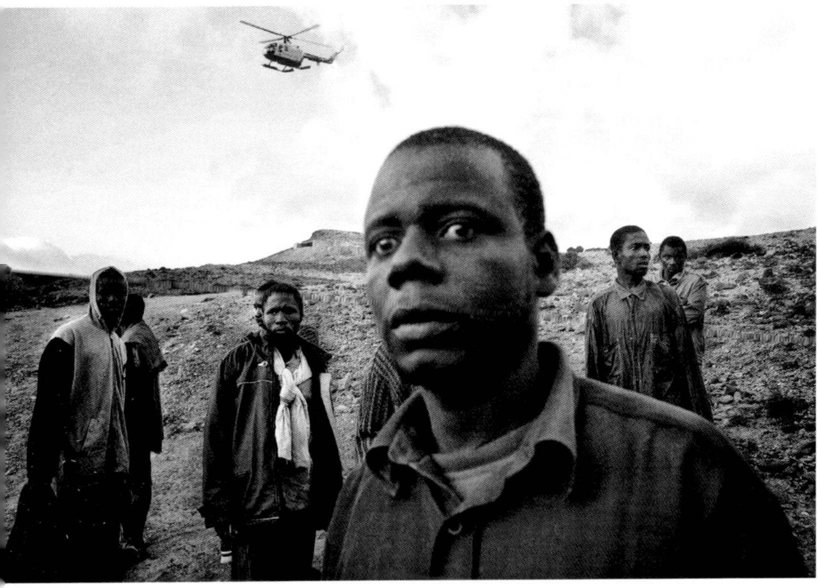

Fuerteventura, 2005

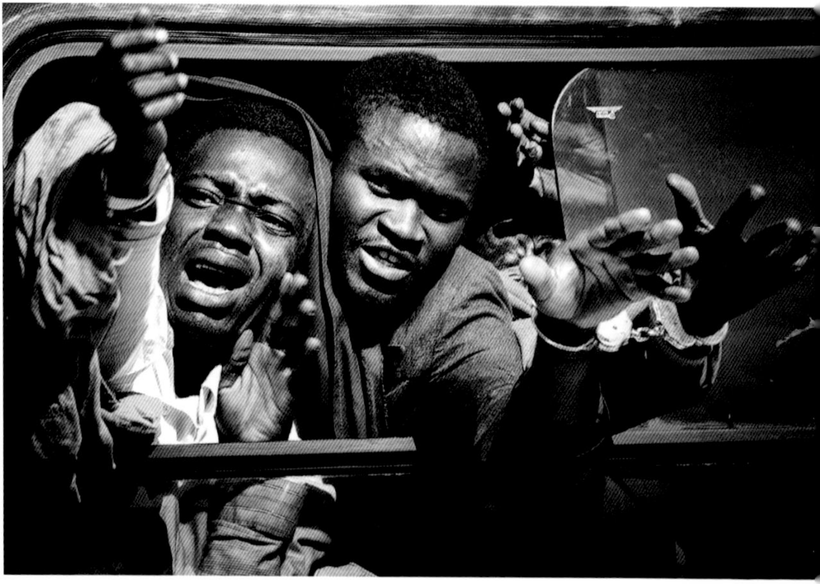

28. Marruecos, 2005

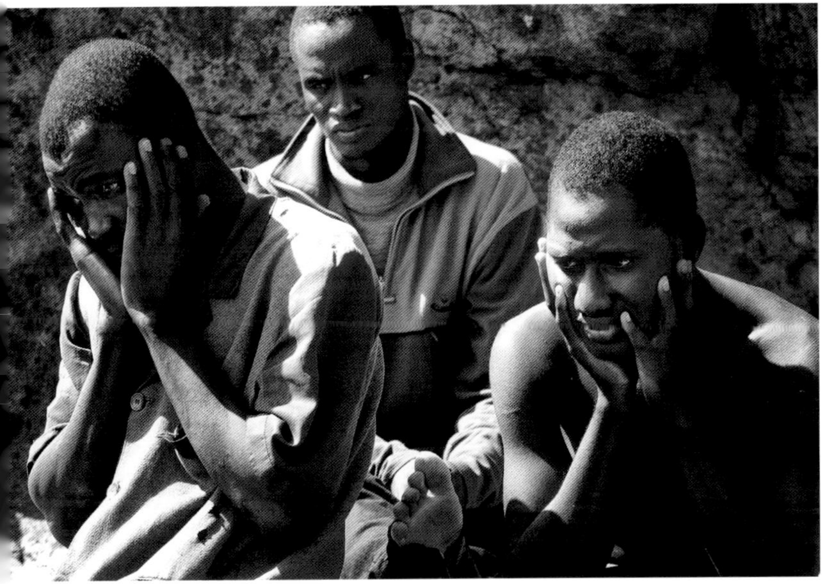

Fuerteventura, 2005

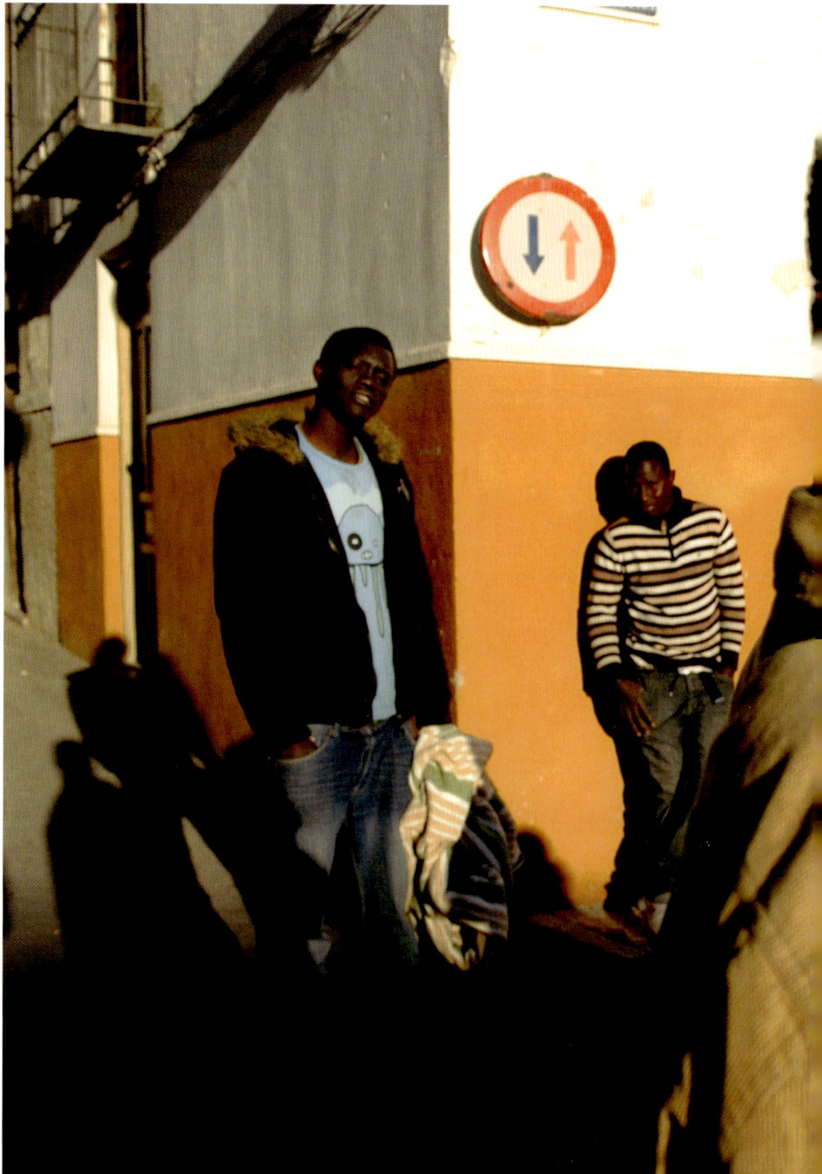

30. Galapagar, España, 2008

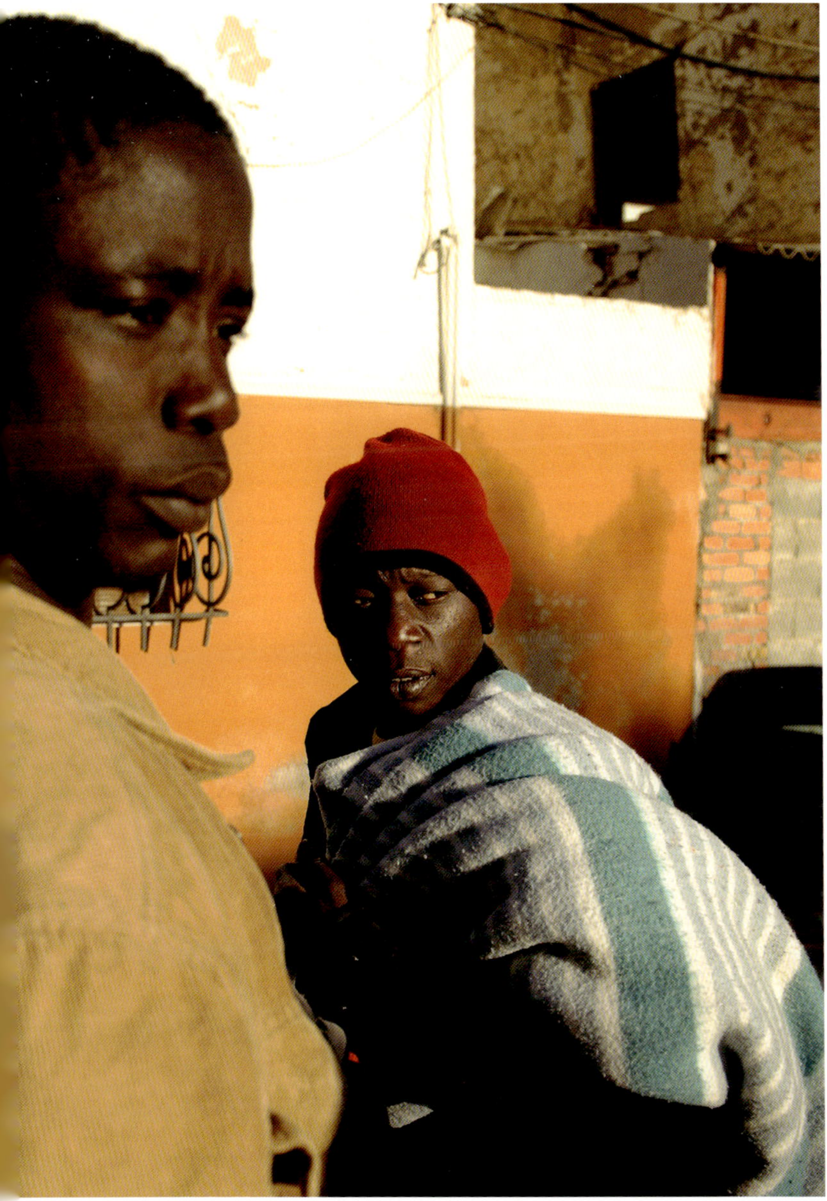

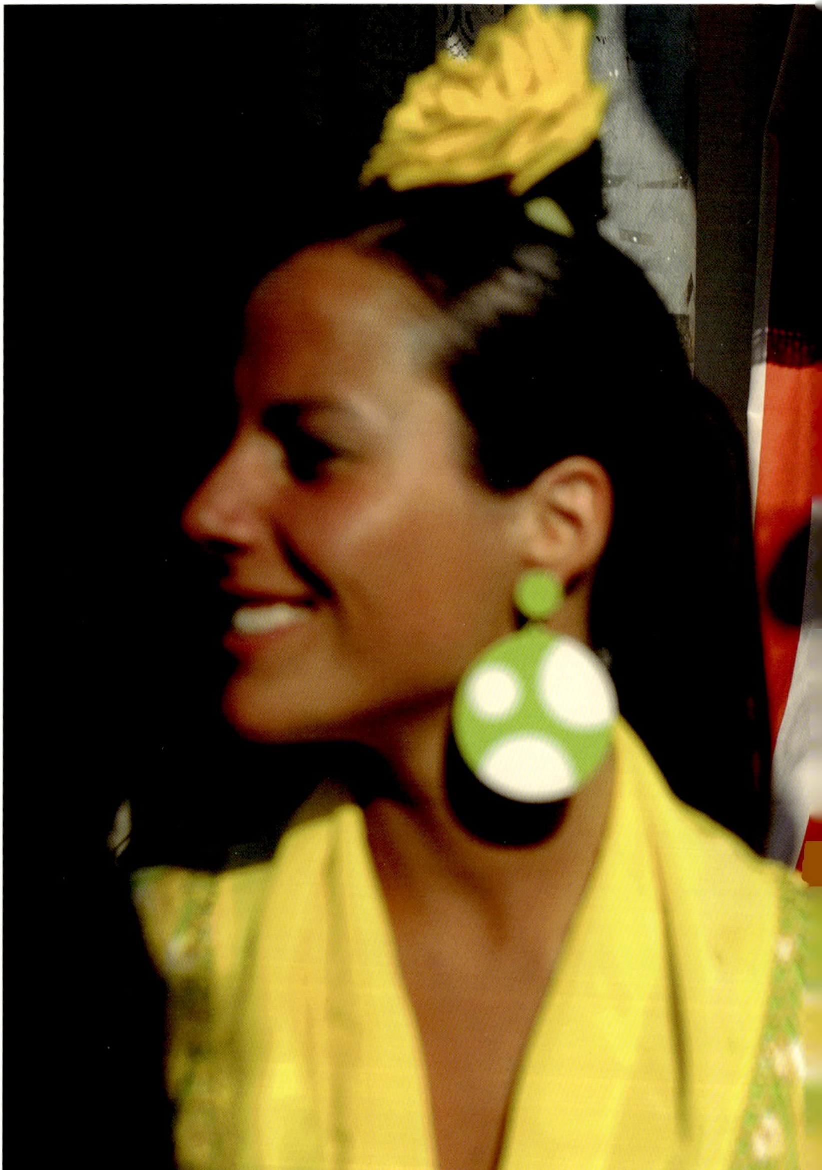

31. Feria de Abril. Sevilla, 2009

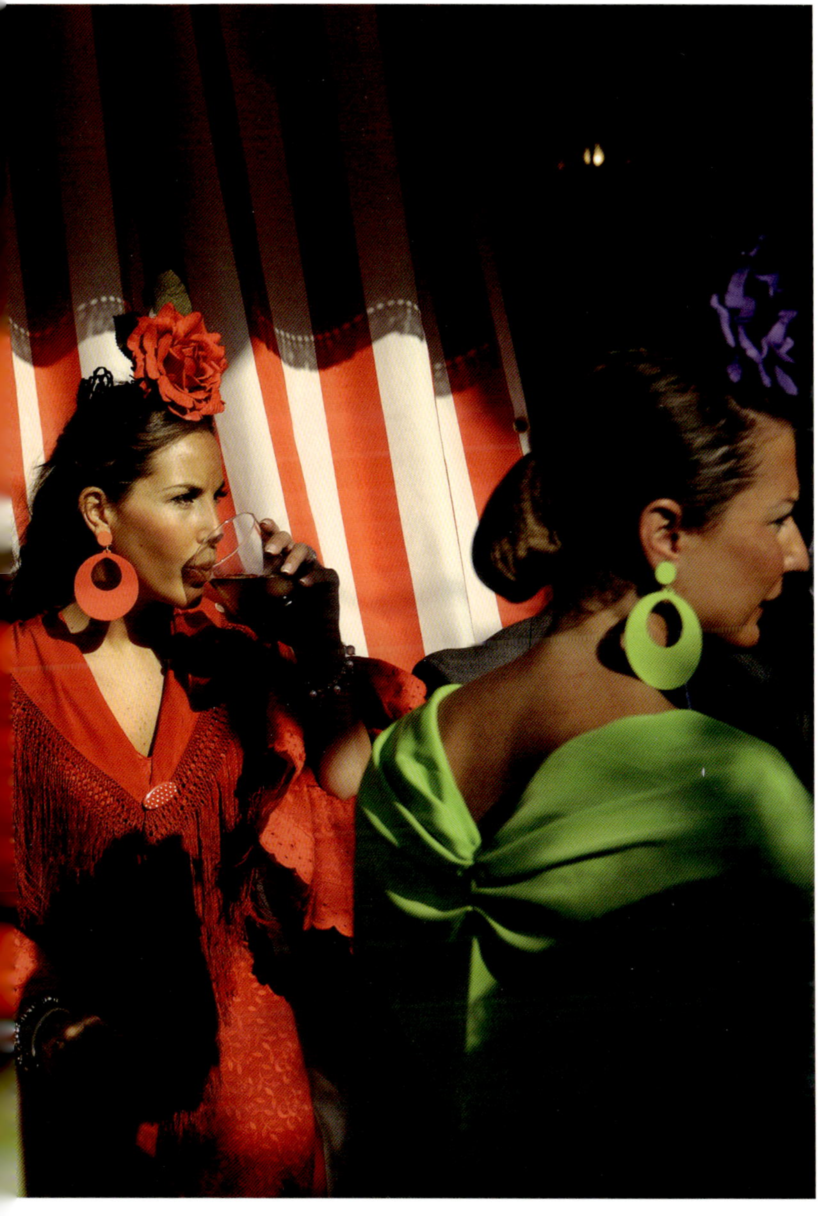

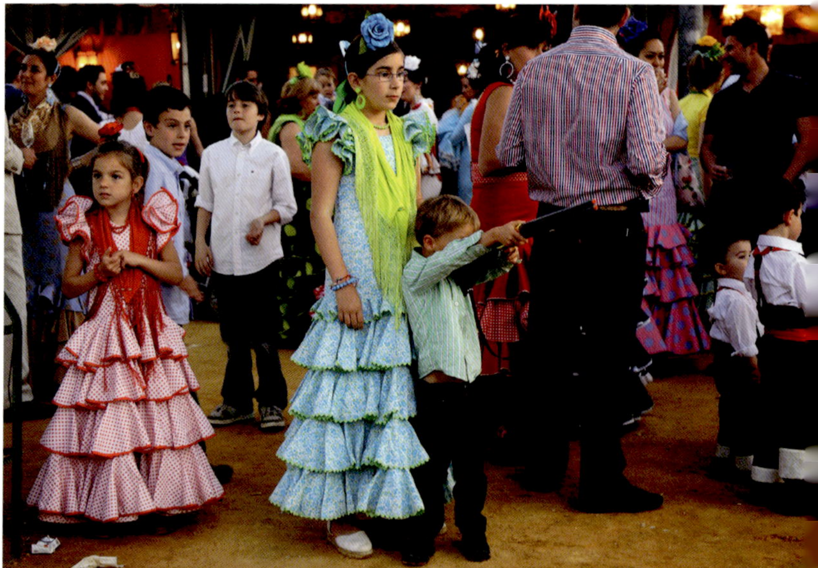

32. Feria de Abril. Sevilla, 2009

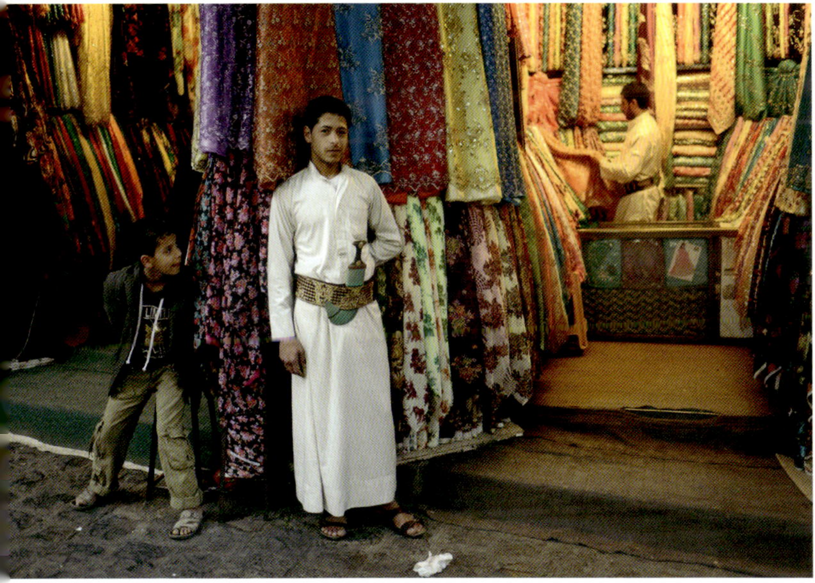

Yemen, 2013

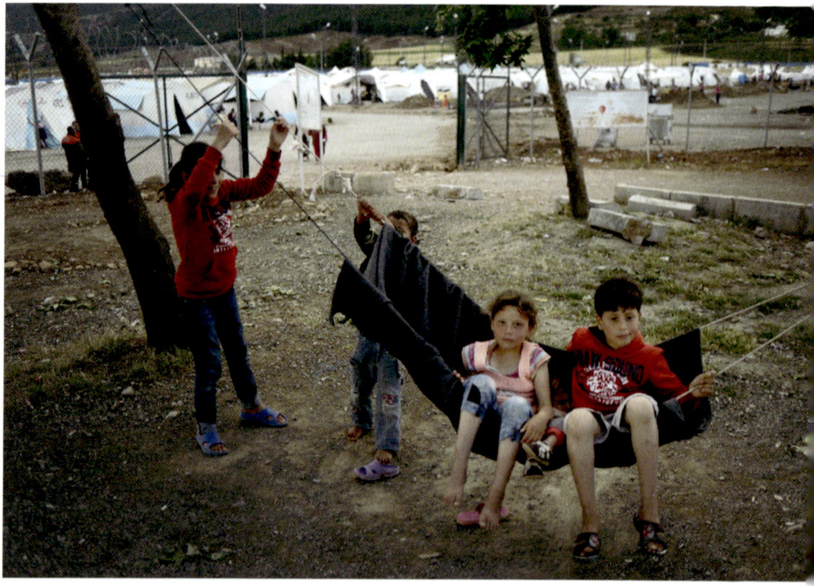

34. Refugiados sirios en la frontera Turquía-Siria, 2013

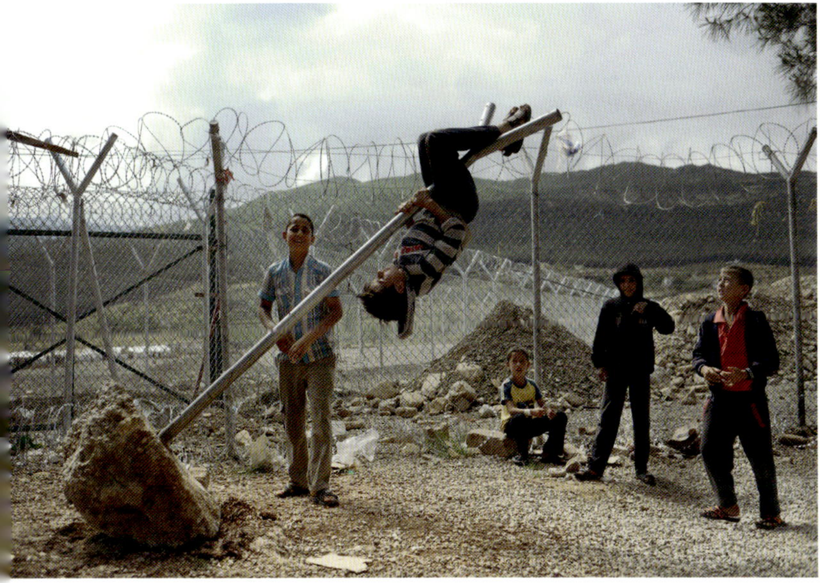

Refugiados sirios en la frontera Turquía-Siria, 2013

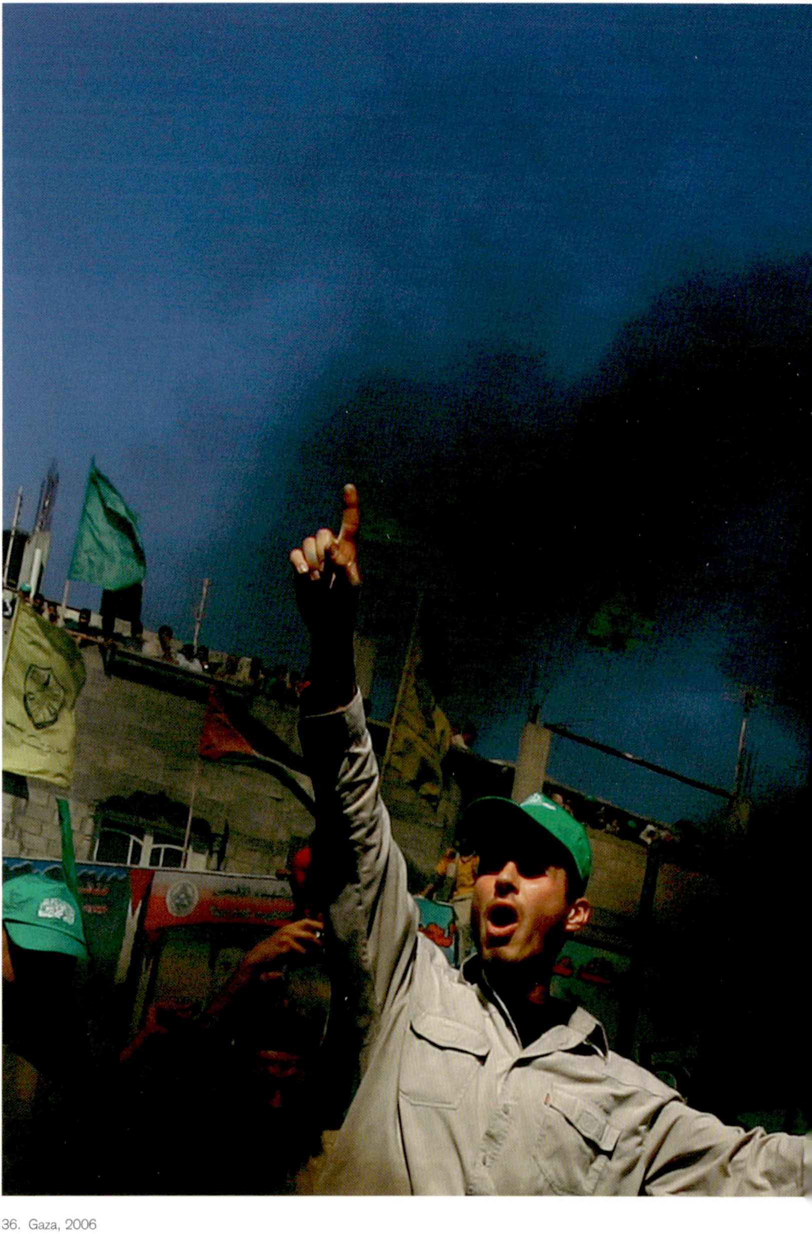

36. Gaza, 2006

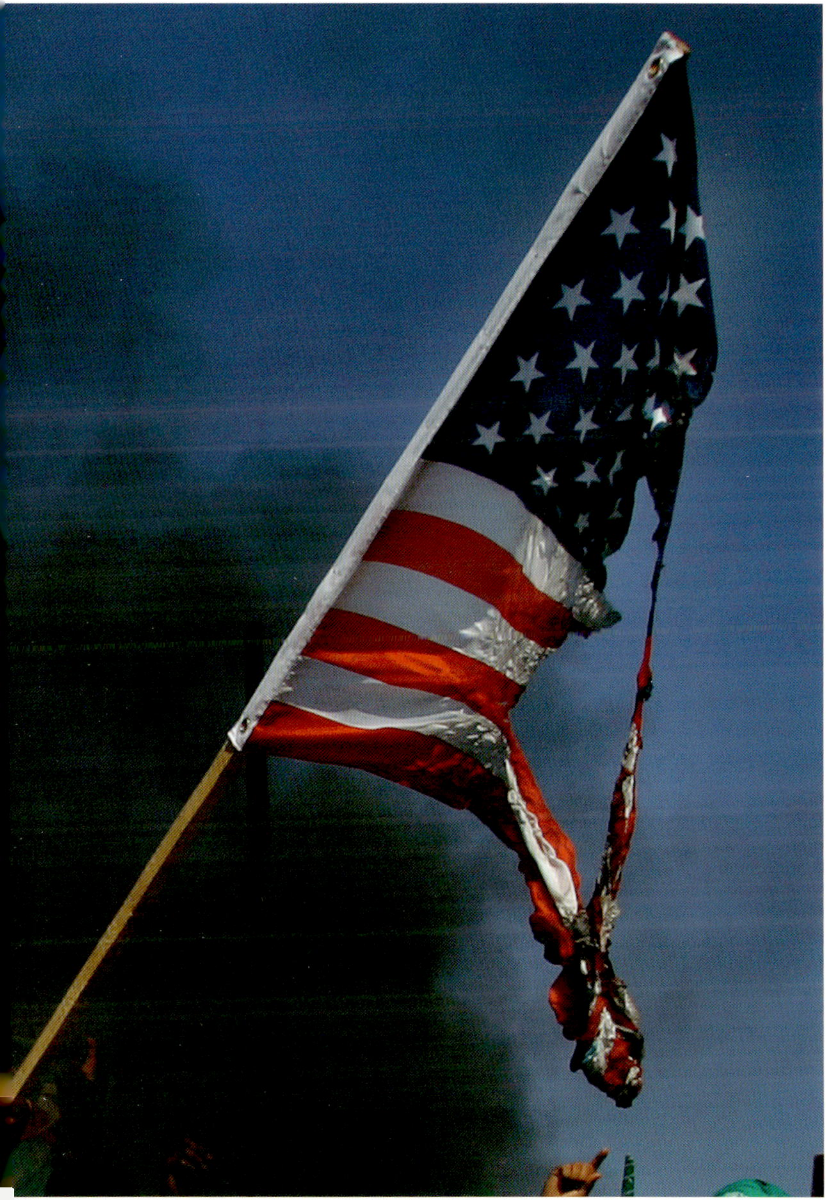

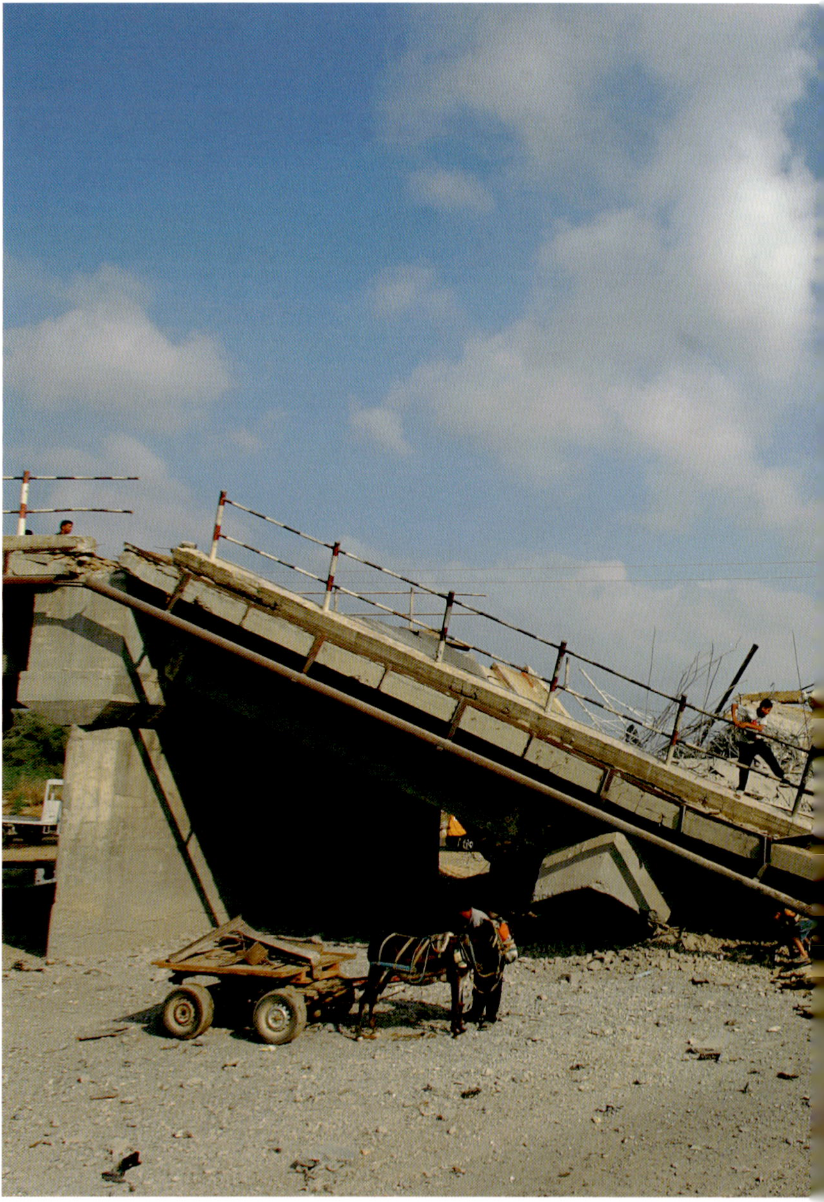

37. Gaza, 2006

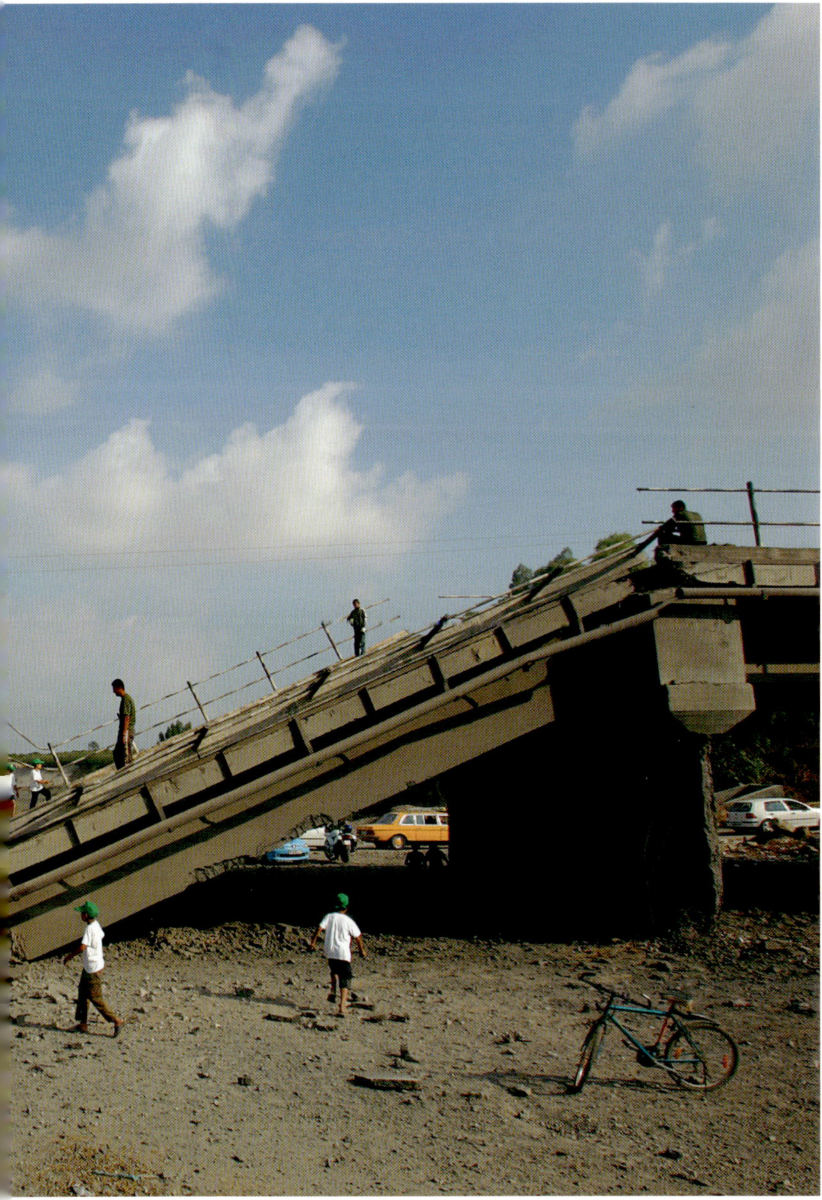

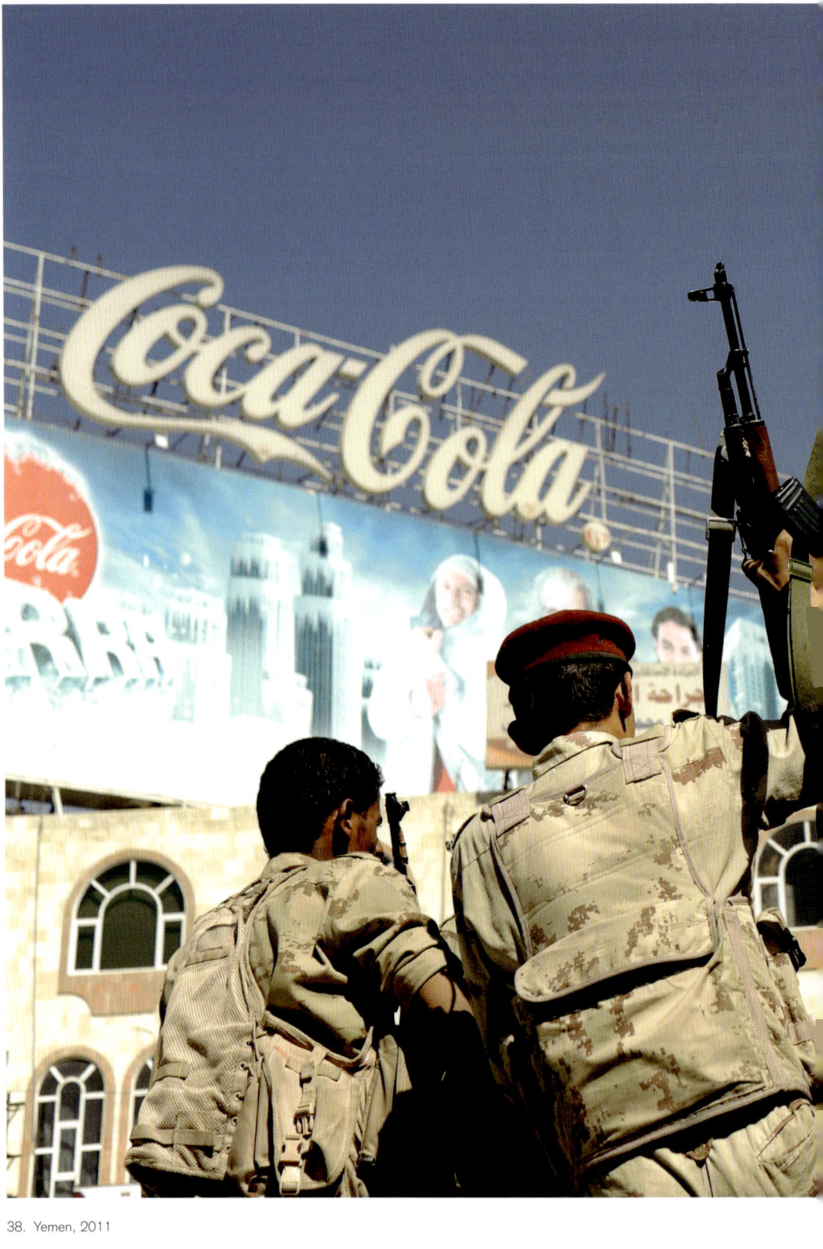


38. Yemen, 2011

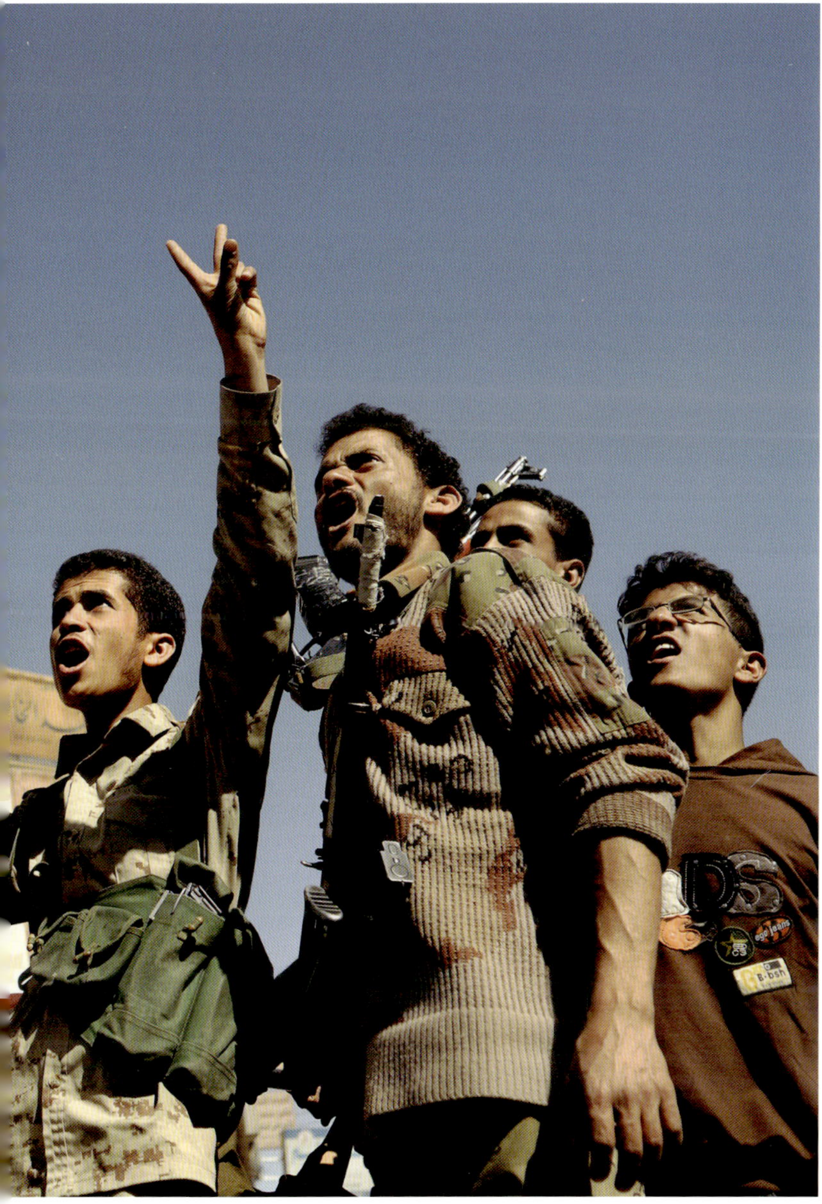
DS
ego jeans
CS
B-bsh

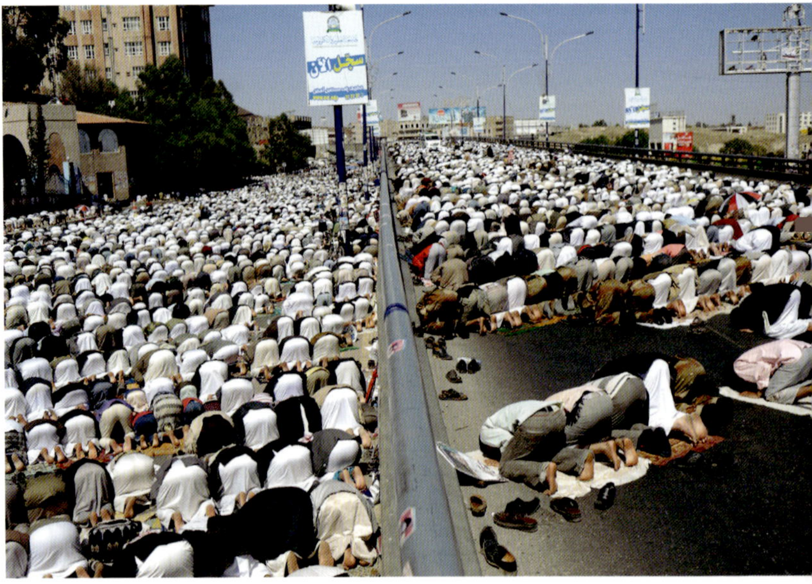


39. Yemen, 2011

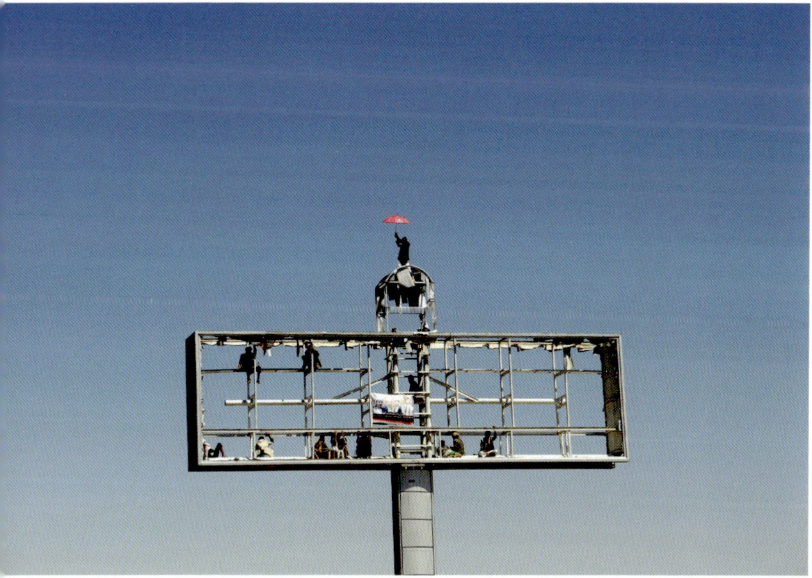

Yemen, 2011

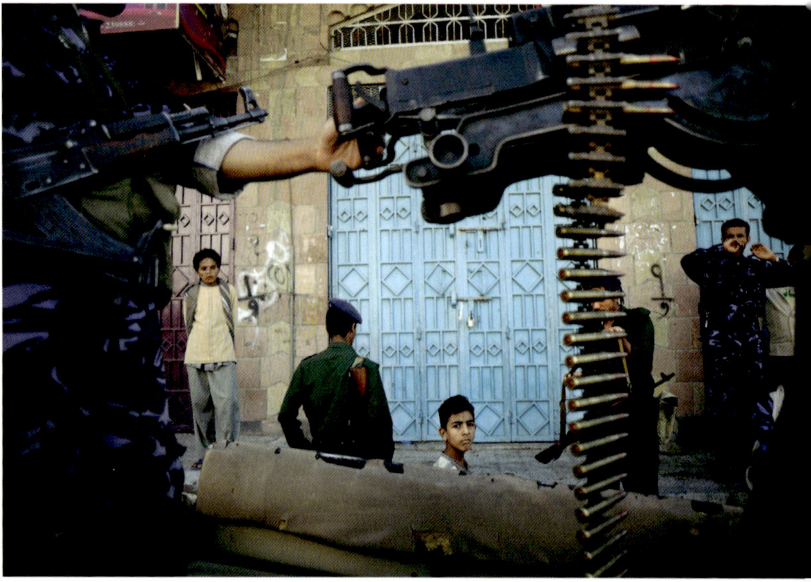

41. Yemen, 2011

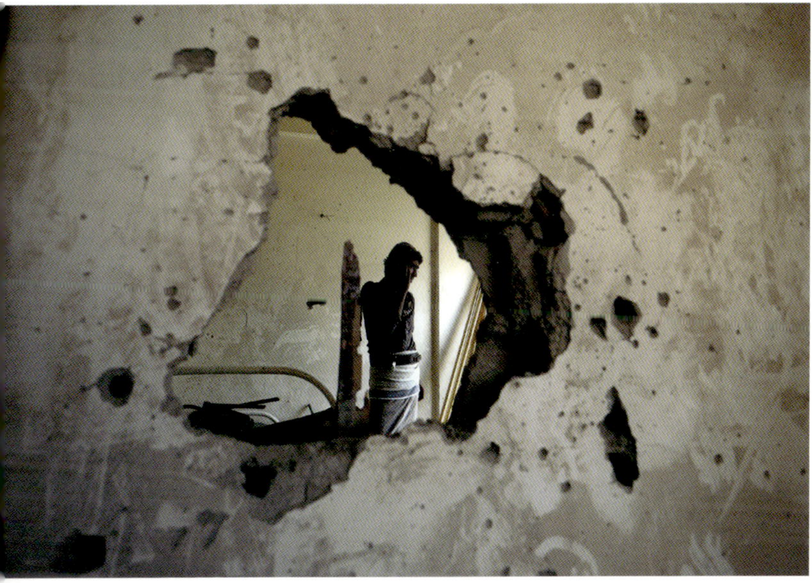

Yemen, 2011

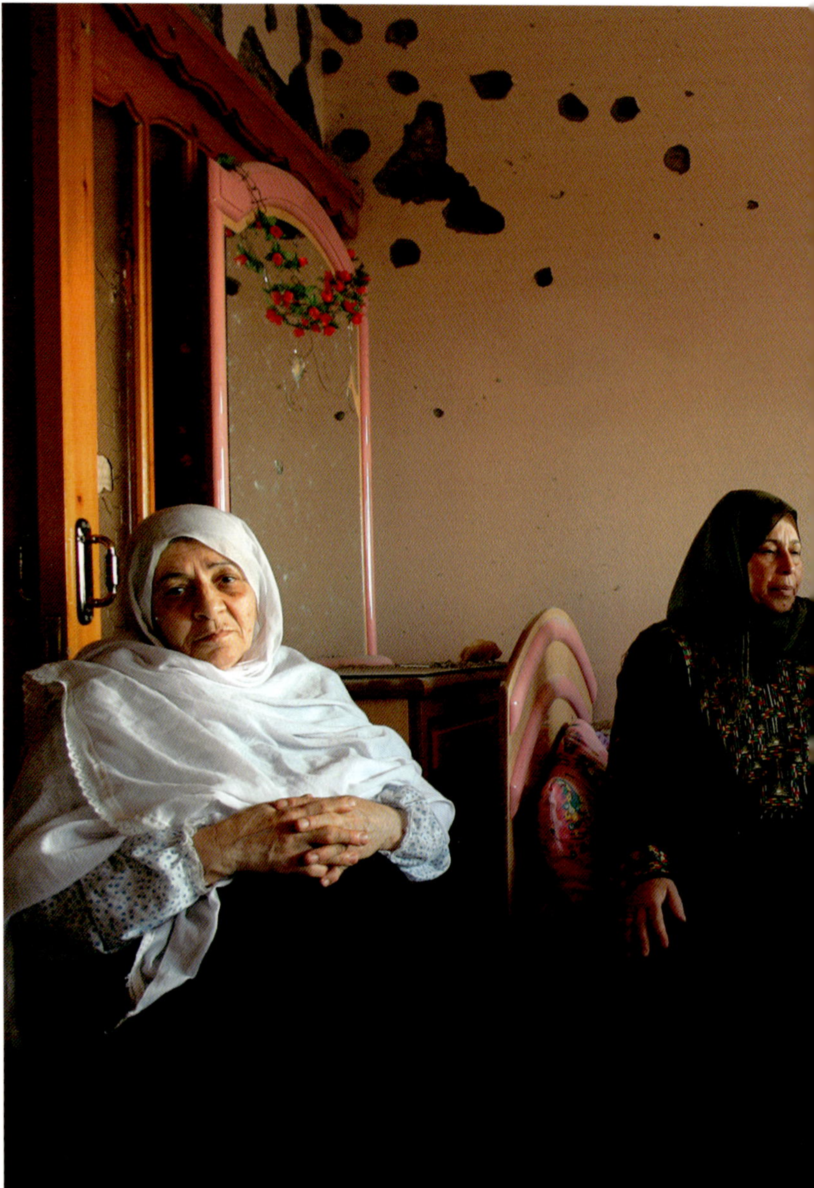

43. Gaza, 2006

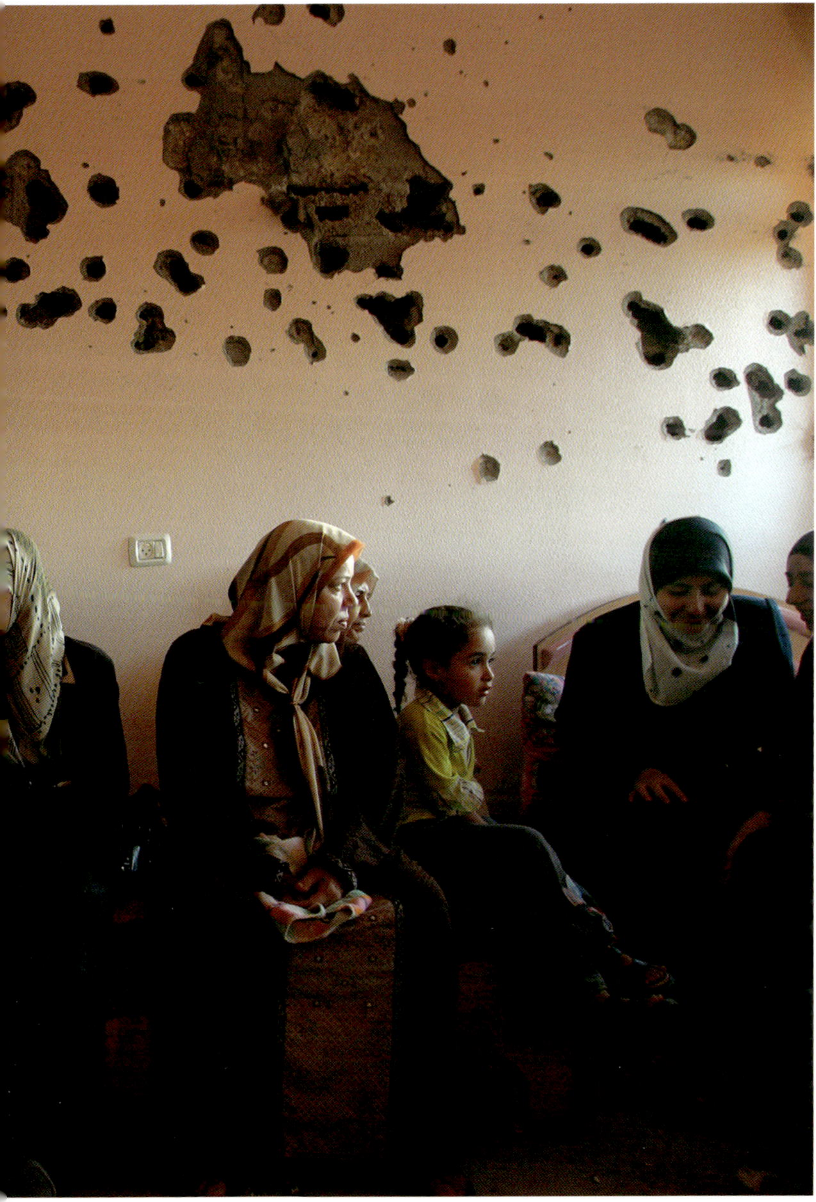

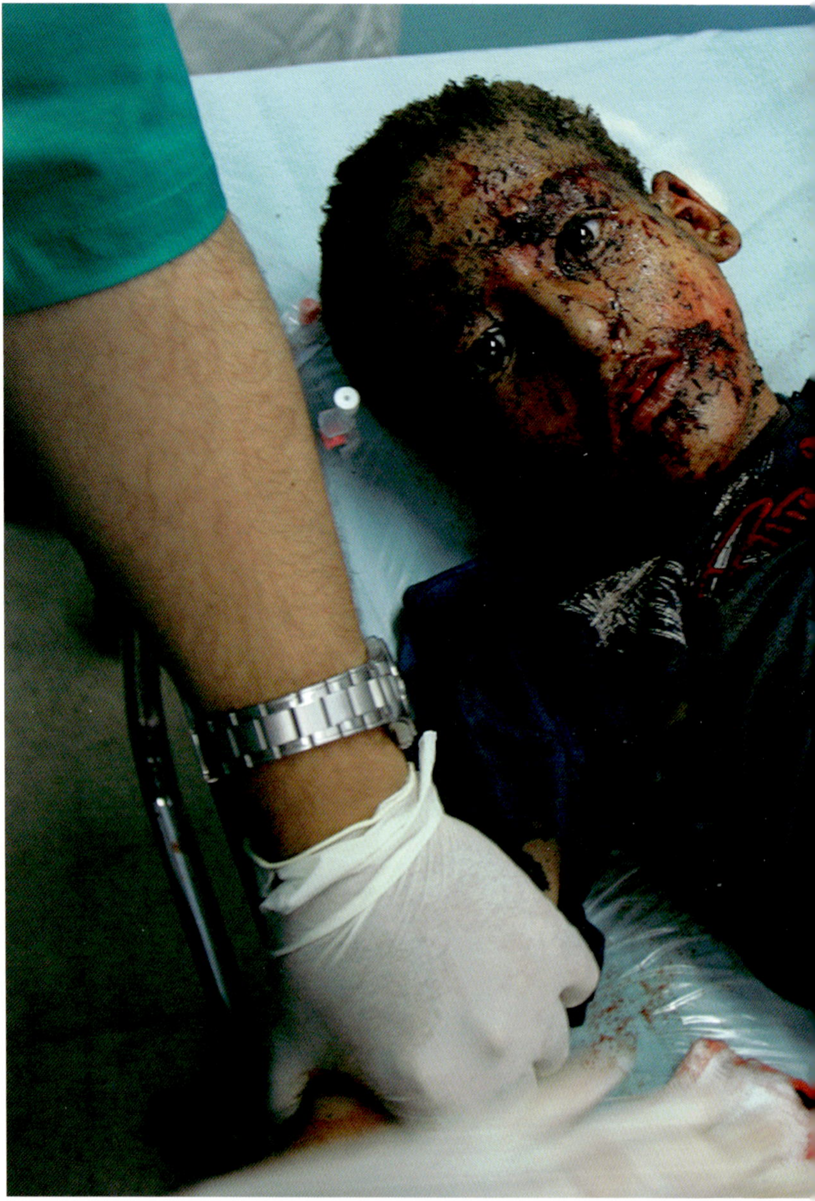

44. Gaza, 2006

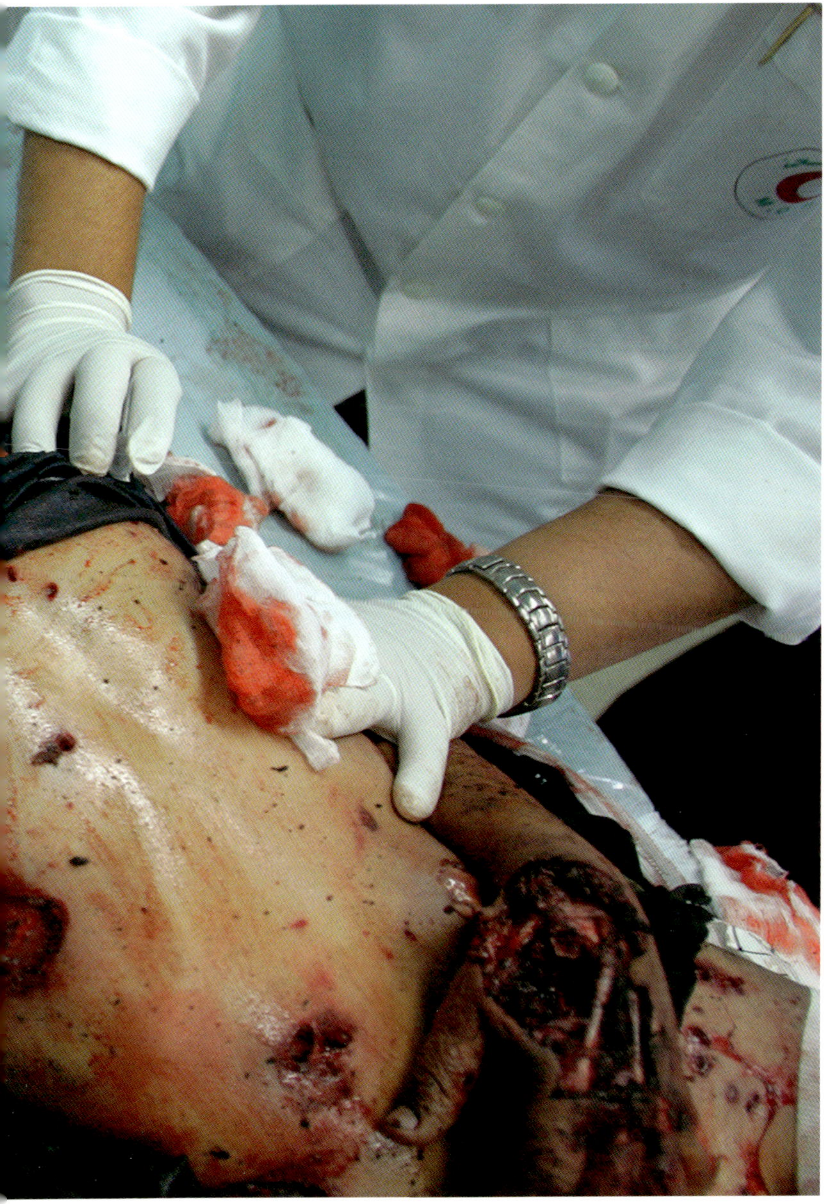

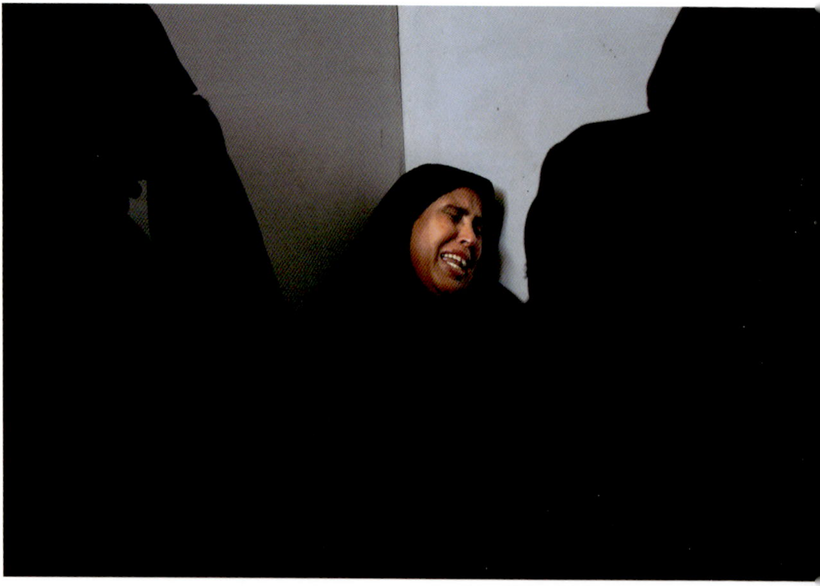

45. Gaza, 2006

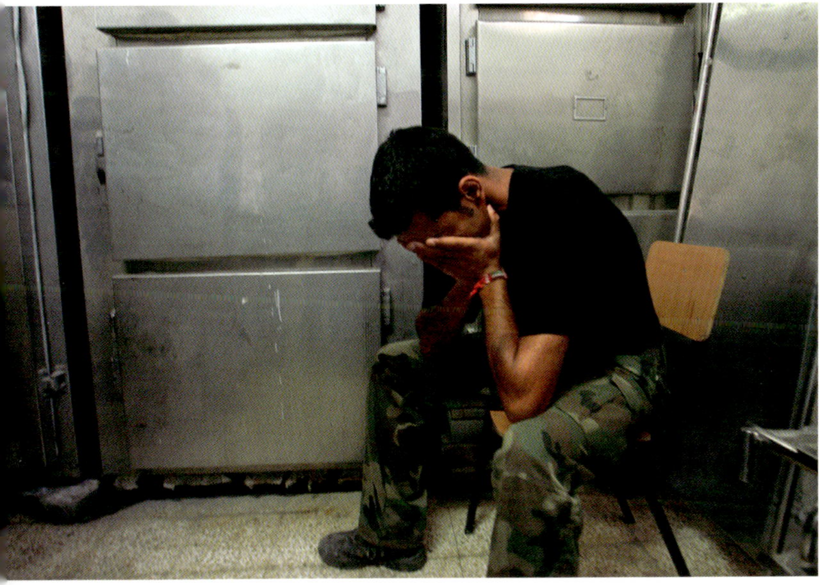

Gaza, 2006

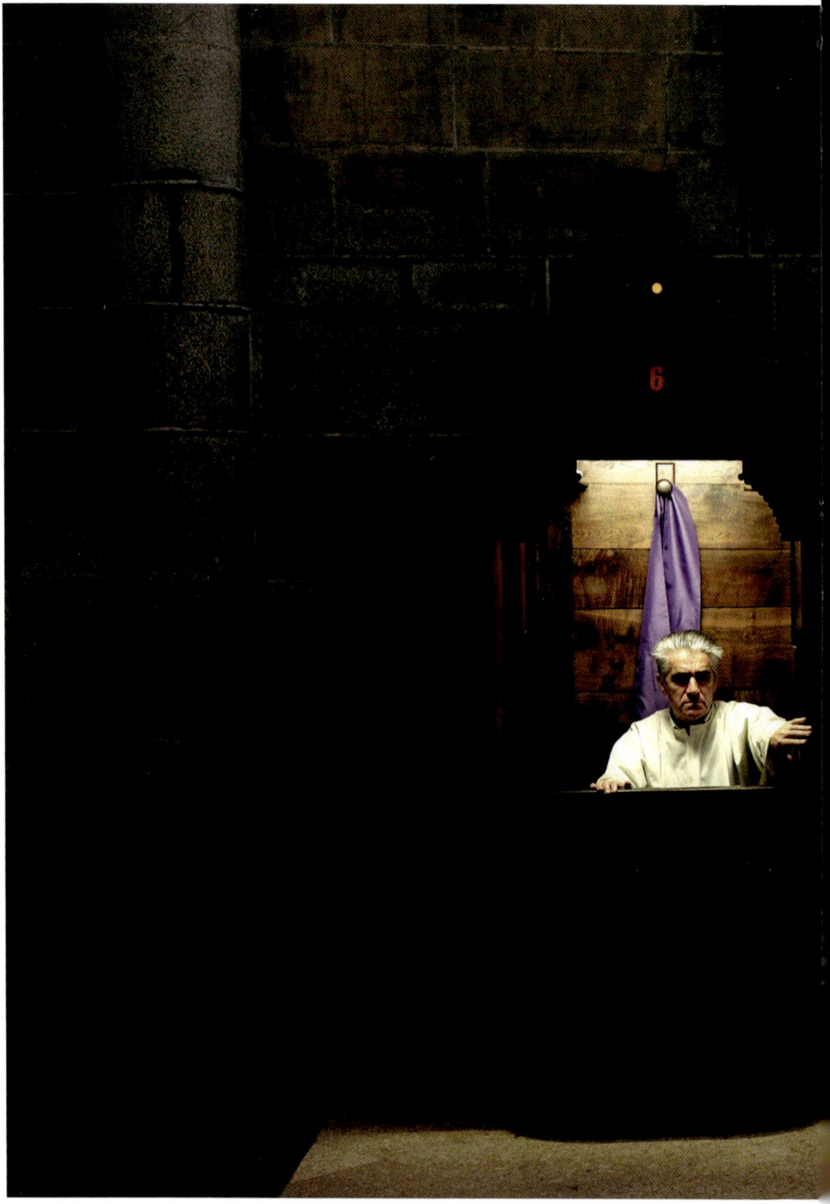


47. Santiago de Compostela, España, 2009

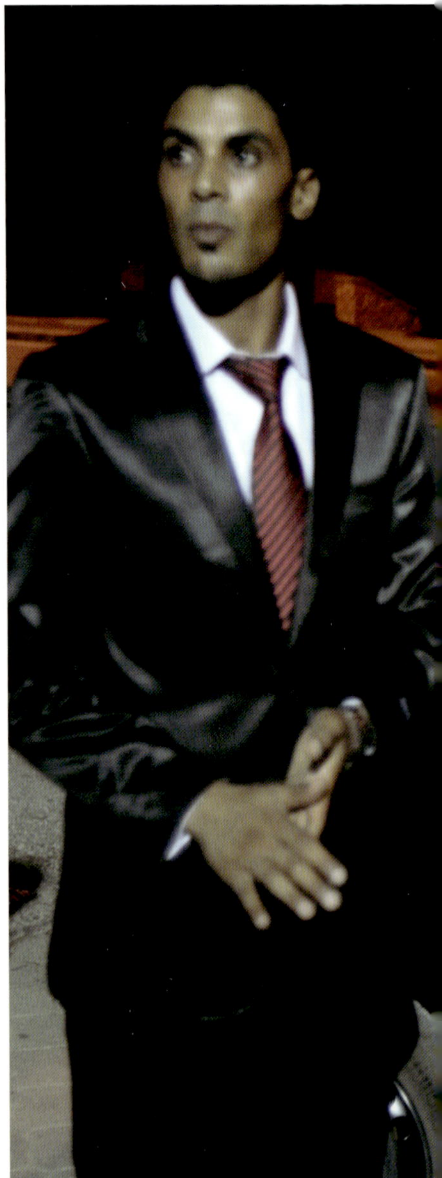

48. Túnez, 2011

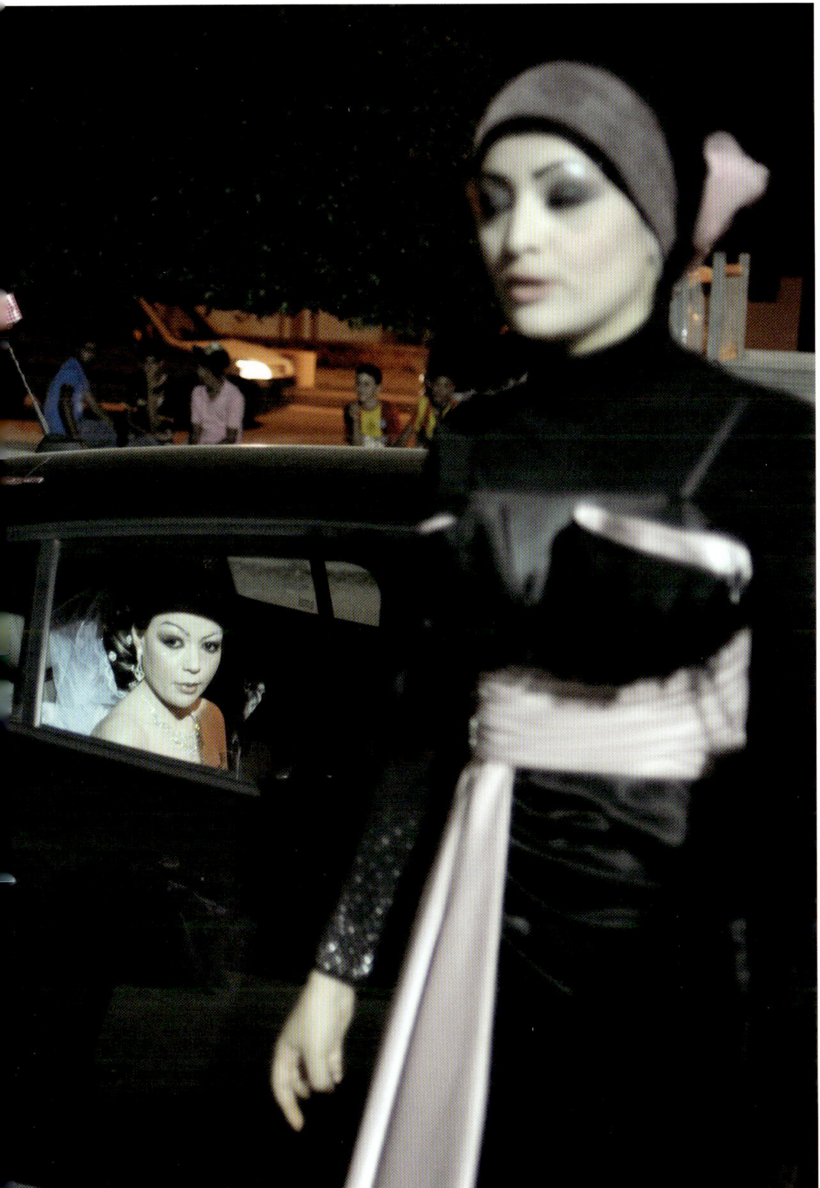

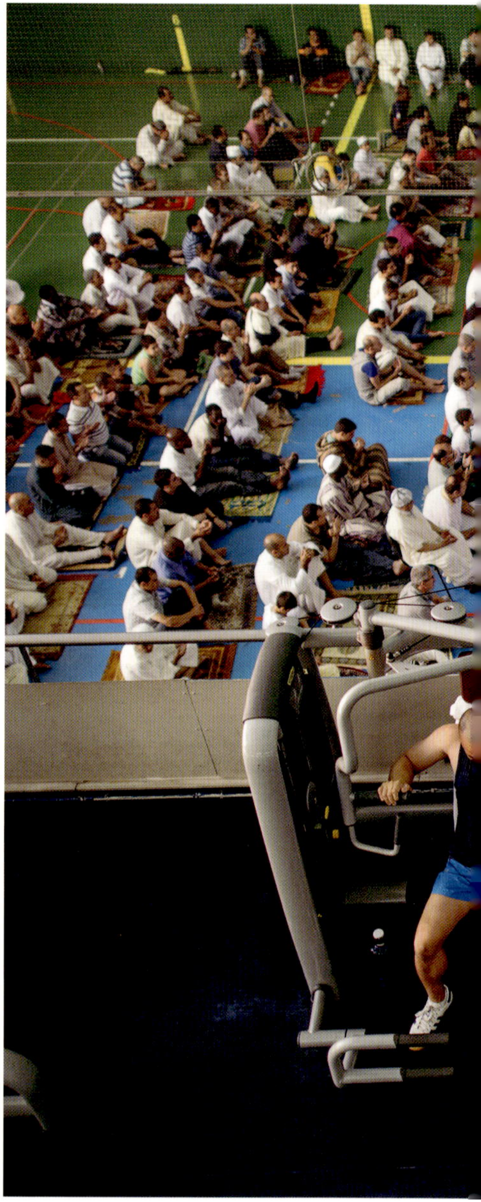

49. Fin del ramadán. Barcelona, 2013

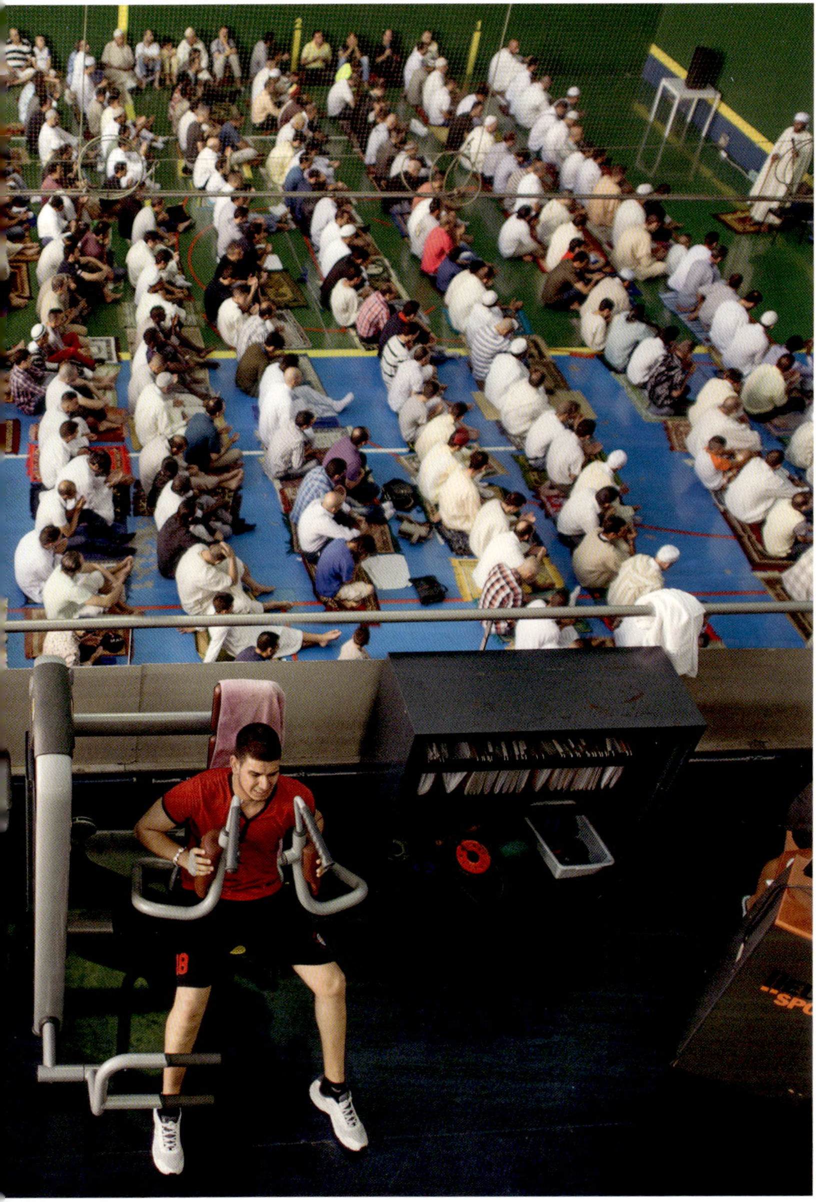

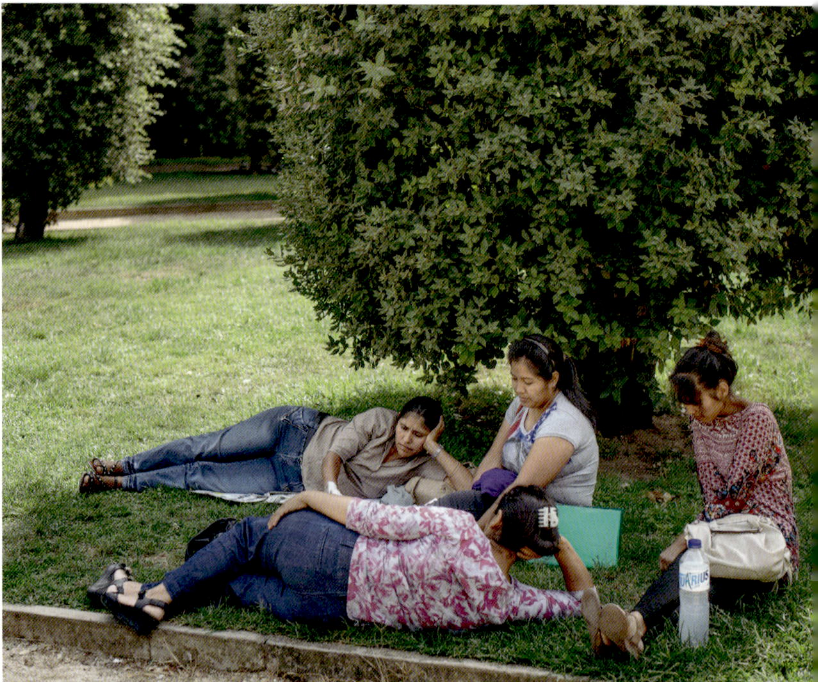

50. Barcelona, 2013

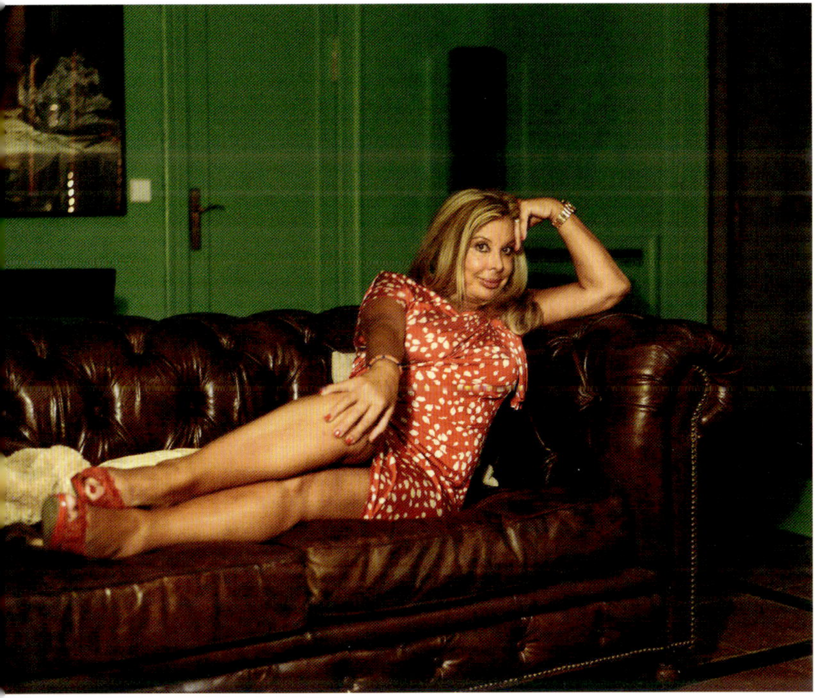

, Marbella, 2013

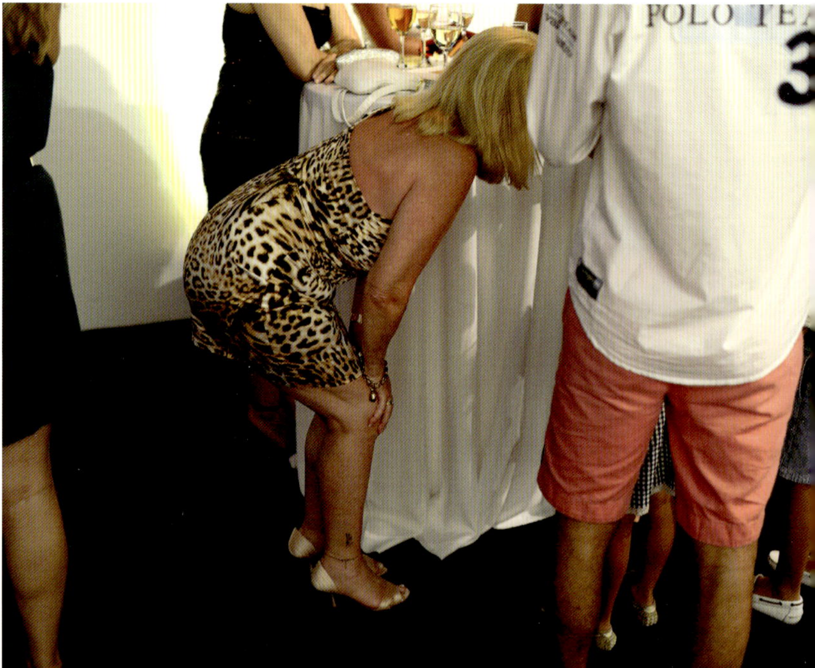


52. Marbella, 2011

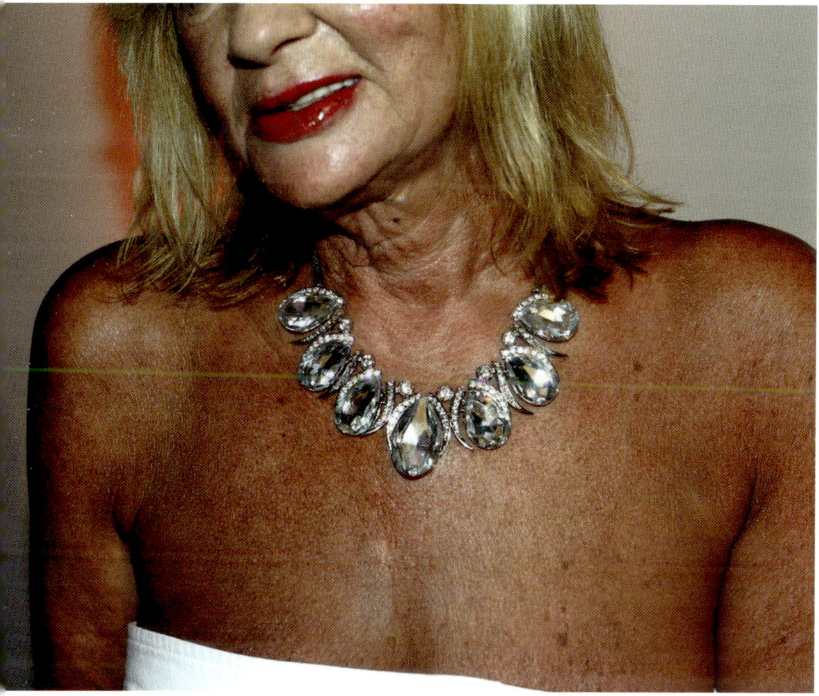

Marbella, 2011

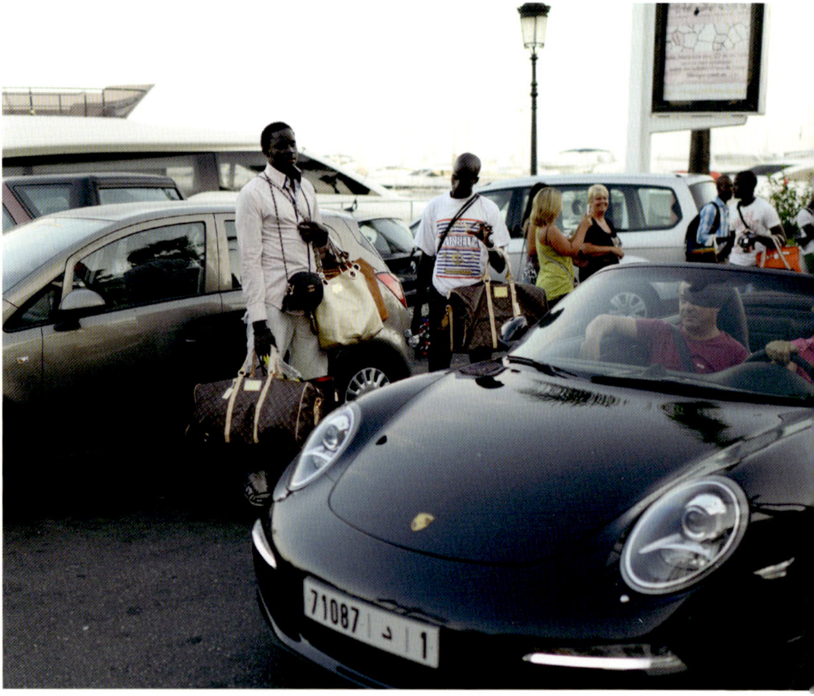


54. Marbella, 2011

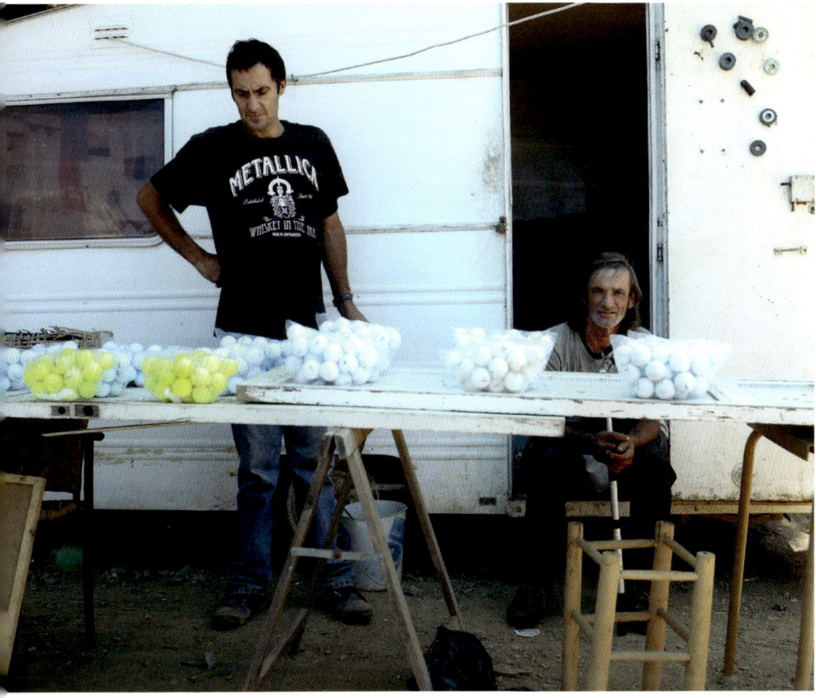


Marbella, 2011

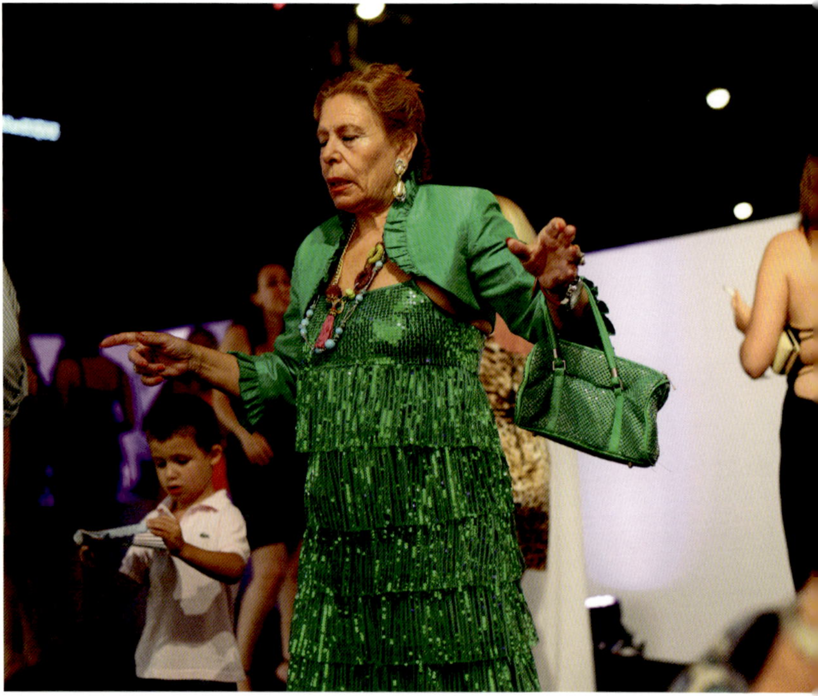

56. Marbella, 2011

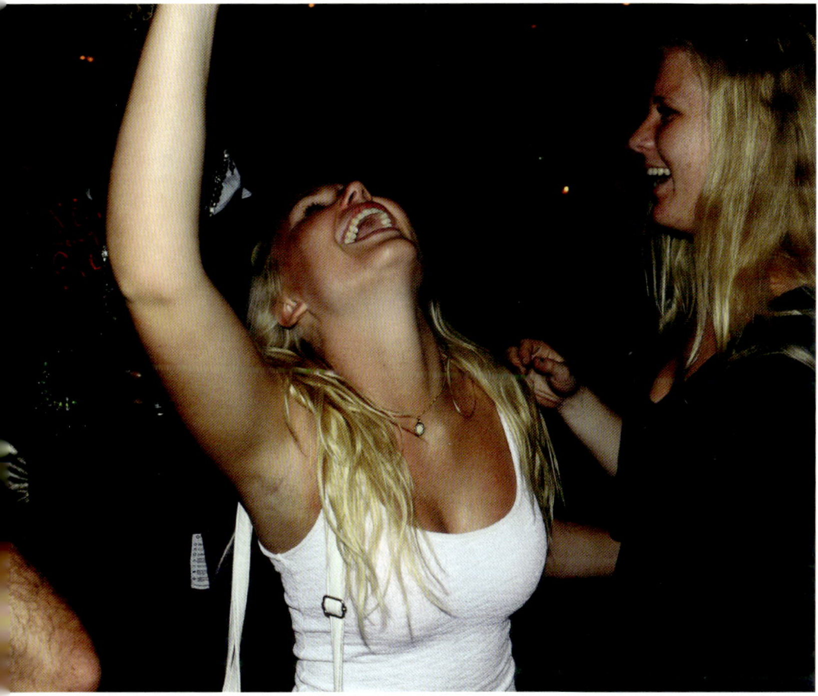

Marbella, 2011

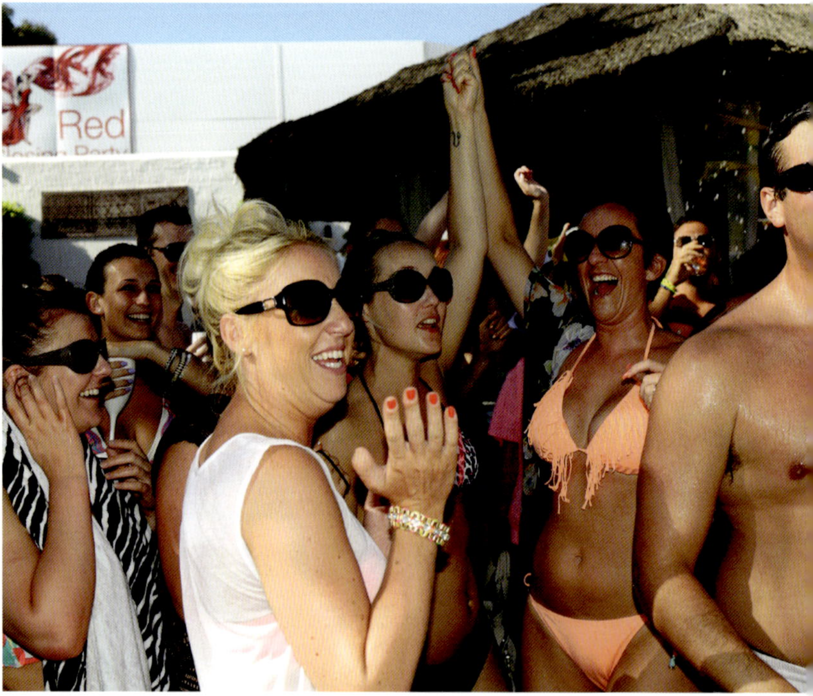


58. Marbella, 2011

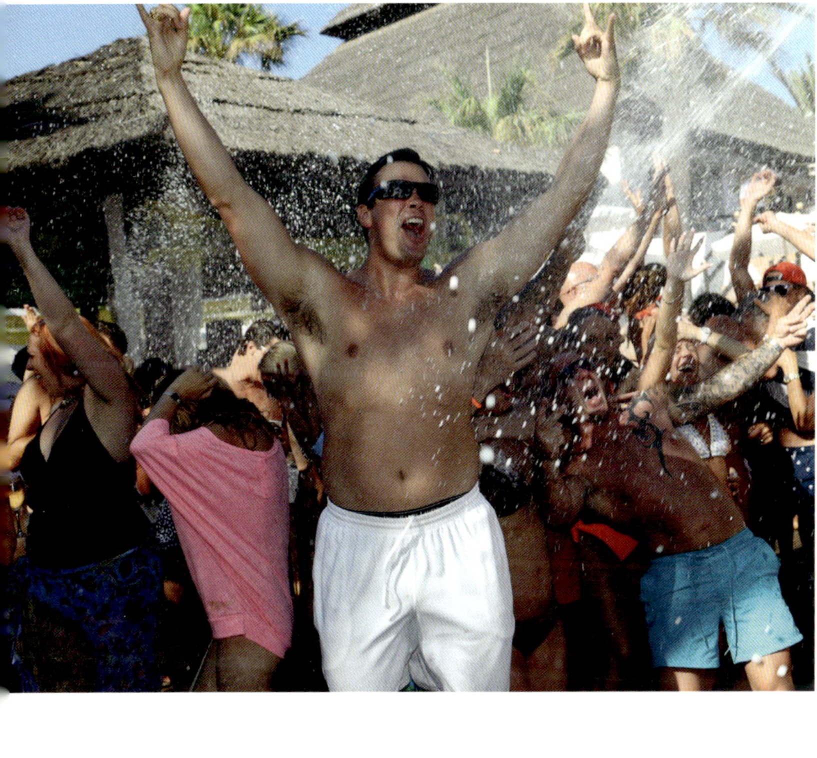

Marbella, 2011

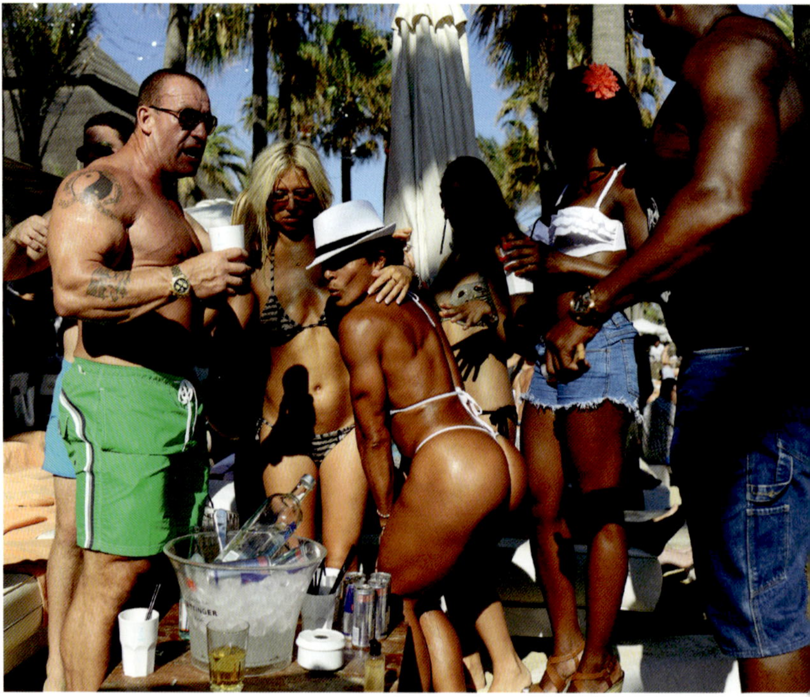

60. Marbella, 2011

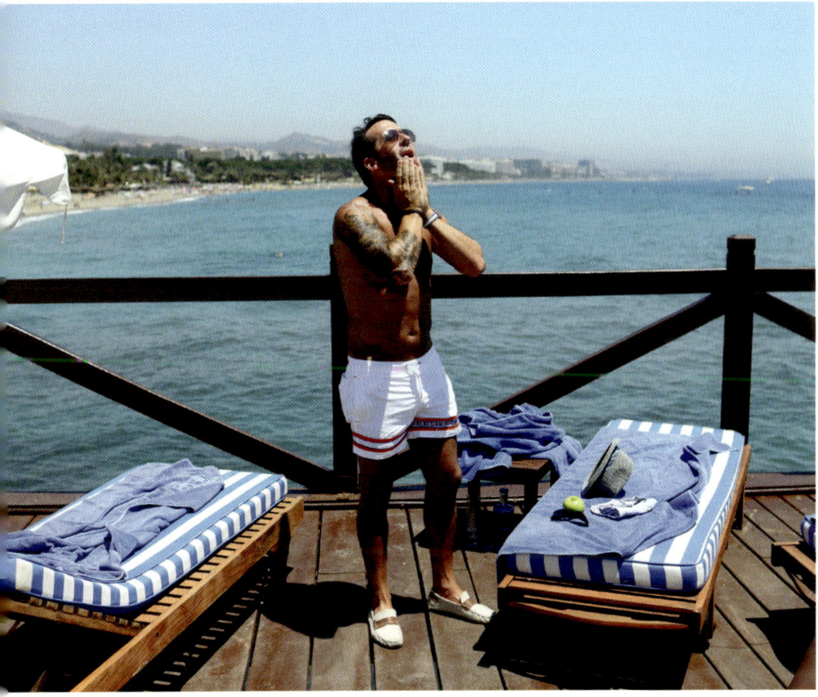

Marbella, 2011

# Cronología

1979 Nace en Santa Coloma de Gramanet.

1999 Comienza a hacer fotografía.

Trabaja documentando conflictos, migraciones y problemáticas sociales alrededor del mundo. *The New York Times* le asigna trabajos en España, Oriente Medio y África.

Viaja a Pakistán, Líbano, Egipto, Yemen, Colombia, China, Palestina, entre otros países, para clientes que incluyen *Stern, Le Monde, El País Semanal* o *Sunday Times Magazine*.

2006 Obtiene el Premio Nacional de Fotografía otorgado por la ANIGP-TV, por su reportaje sobre los inmigrantes subsaharianos que intentan llegar a Europa.

Cubre el conflicto entre Israel y Palestina en la franja de Gaza.

2011 Como enviado de la prensa extranjera, fotografía la llamada Primavera Árabe en Túnez y las revueltas en Egipto.

2012 *The New York Times* publica sus fotografías sobre la crisis económica en España, que generan un debate político.

Recibe el premio World Press Photo of The Year, por una imagen realizada en Yemen.

Su ciudad natal le concede el Premi Ciutat.

2013 Cubre la información del conflicto en Siria, centrándose en los refugiados de la frontera con Turquía.

Actualmente reside en Crespià, un pueblo en el norte de Cataluña.

**Exposiciones**

2006 Visa Pour L'Image. Perpignan.

2012 Fundación Telefónica. Chile.

Fundación Caixa. Brasil.

CCCB. Barcelona.

Instituto Cervantes. Nueva York.

2013 La Virreina. Barcelona.

2014 Silk Road Gallery. Teherán.

# Making the World a Better Place

Agustí Carbonell

There are two moments in the life of Samuel Aranda—a photographer born in 1979 in Santa Coloma de Gramenet—that I would like to point out. The first was in 2012 when one of his photos was chosen as Photo of the Year by the prestigious World Press Photo. Samuel caught in Yemen a modern day Pietà on film in which a woman dressed in black embraces her wounded son. The photo was published in *The New York Times*. A few months later, it became clear that the award had consolidated him as an international photographer who was focused on emigration, armed conflicts and social issues throughout the world.

The second moment, of much smaller impact, happened years ago when young Samuel was still trying to find his path as a photographer in Santa Coloma. During that time he used to accompany Joan Guerrero, another excellent photographer from the same city which sprouted in the 1970s as a result of the immigration to Catalonia from the rest of Spain. Together, they frequented areas on the edge of extreme, searching for photographs that reflected the changes taking place in society at the time. Guerrero discusses this time in *La caja de cerillas* (The matchbox), a documentary by David Airob that was dedicated to him. He states: "Years ago I entered an abandoned industrial warehouse. There was a young man with me, Samuel Aranda. That's when I discovered a photo: a young immigrant, all alone in the middle of an empty warehouse with graffiti in the background that said 'Okupado' (Squatted). I took a picture, and I told him: 'Samuel, you take one'. He responded: 'No, maestro, this photo is yours'... That's something an ambitious young photographer who thinks they are hot stuff would never have done... Now that Samuel has received the World Press award, it's as if they have given me the award. What am I saying? It's even better!"

Those are two moments that define a great photographer. Samuel's early life in Santa Coloma wasn't easy. He struggled to find himself and his path in life, but it was hard. He was expelled from school when he was 12 for writing a love letter to a girl in his class; at 16 he began to paint graffiti as a form of expression. He would take photos to document it, and perhaps that was when his passion for photography was born. Samuel felt he was a photographer, but he knew how difficult it would be to find a spot in this profession. That's why he accepted his first job reading meters for Spain's Natural Gas company. In his free time, however, he would take photographs alongside his friend, Guillem Valle, a photographer from the squatter movement.

The first photo Samuel sold, to the newspaper *El Periódico de Catalunya,* was of a collapsed warehouse. Little by little, he began to make a name for himself. He was also able to sell photos to *El País,* and in 2001 he decided to take a risk. He left "the Gas", as he likes to call it, and traveled to Palestine on what would be his first adventure in the Arab world. It was then that his training as a photojournalist took a giant leap forward. The agency Efe bought some of his photos of the Israeli-Palestinian Conflict and, shortly after, the agency France Press hired him to photograph the arrival of African immigrants in dinghies on the island of Fuerteventura, in the Canaries. That's where I met him. They paid him 450 euro a month to wait for countless hours and walk up and down the beach nonstop. He enjoyed what he was doing.

That assignment was the starting point for two of his most complete projects, *Immigration* and *Under-age Immigrants in Spain,* with a series of photos that illustrate the harsh life of African immigrants that cross the Sahara, arrive in Ceuta and Melilla, make it across the Strait of Gibraltar in fragile dinghies, are locked away in refugee processing centers, and then struggle to make it in Spain.

Further on, once again with France Press, Samuel traveled back to Palestine to illustrate a conflict that interested him. It was there that he met two great photojournalists, Emilio Morenatti and Enric Martí, with whom he holds a close friendship ever since. On the trip, Samuel's equipment was stolen, and Enric leant Samuel his camera so that he could continue shooting—another image of solidarity.

Once back in Spain, he worked for a short time at *El Periódico de Catalunya* newsroom, first in Barcelona and then in Madrid. I remember when we spoke by phone he was always nervous, like a fish out of water, as if he couldn't breathe away from the action. If any three or four day assignment ever came up outside of town, he would cover it. He put so much passion into what he did that it was like a greyhound leaping through the gate onto the race track. He was a perfectionist. When he edited photos he liked to be involved in the whole process: he discussed each photo, he wanted to see the page layout and would not go home happy until he could see how it would be published.

After following the journalist routine for some time, Samuel began to travel to conflict sites again, to countries that allured and inspired him. In the past years he has shot assignments in India, Iran, Pakistan, Uzbekistan, Lebanon, Egypt, Tunisia, Yemen,

South Africa, Romania, Moldavia, China, and Colombia. Some were commissioned by Pepe Baeza, the graphics editor at *La Vanguardia;* others were published in *The New York Times.*

I remember, among Samuel's assignments, one of his most personal projects, *Pakistan in Kodachrome,* a peaceful glance over the everyday life of a country that radiates great force. When I saw it for the first time I had the impression it was as if Samuel had become perfectly entwined with the landscapes and the peoples who inhabit them.

Samuel explains that the fact of being dark complexioned with Mediterranean features makes his job a lot easier in the Arabic countries that appeal to him so much. That may be possible, but I am certain the way he photographs, his honesty and his respect towards others have a lot to do with it. In 2011 he was in Tunisia, Libya, Egypt and Yemen covering the Arab Spring protests. He left his own personal imprint there as well: he wasn't on the front line but rather telling the smaller stories of the anonymous during the transition, illustrating things such as love and daily life in times of conflict.

Another of his assignments, *Tunisia in Transition,* follows the same lines, while *Libya War Landscapes* shows us, in a series of excellent black and white photos, a road that crosses the desert invaded by sand and old scrap left by the war such as unused tanks, cars and arms, all in the middle of nowhere.

It was in Yemen, however, where Samuel Aranda captured his most famous photograph (see cover). After an agitated day of violence and protests, while in a Sana'a mosque that had been converted to a makeshift hospital, he was able to photograph a woman dressed in black with white gloves holding her son who had been shot by a sniper. Through this photo Samuel captured all the pain of the conflict, the compassion amidst the terror, the senselessness of the violence.

The World Press award for that photo meant the acknowledgement for a job well done, the culmination of many years of photographs. Since then, *The New York Times* hires him frequently for assignments in North Africa and the Middle East, as well as in Spain. At the end of 2012, one of his projects, *Spanish Crisis,* reflecting the harsh reality of the country's crisis in black and white, was immediately acclaimed and started a debate in which some Spanish politicians and journalists refused to recognize that this was also part of the reality in Spain.

Going over Samuel's photos, a text by the great American photographer William Eugene Smith comes to mind: "If I could make my images grab viewers by the heart and put down their throat how great and terrible war is, perhaps I would be able, somehow, to stir their conscience and make them think". I am sure this is also the way Samuel thinks. He is a photographer who is able to stir consciences with photos that depict the consequences of war, telling everyday stories and directly relating with those who must endure them.

Samuel doesn't want to be labeled a photojournalist nor a documentary maker. He simply considers himself a photographer. He loves his trade and needs to make photographic reports without limitations of space or specific themes. He says that in the future he would like to open up to different formats and subjects, experimenting with projects outside of the media. He's working on it. The proof is the close relationship he holds with Juan Manuel Castro Prieto (Madrid, 1958), a photographer who left him stunned upon seeing his work on Peru.

Whatever he does in the future, I'm convinced that Samuel Aranda will continue to move forward, expanding horizons through the honesty and sincerity of his work, and with his urge to see the world through his lens. Whether it be in photojournalism, or in any other genre, he will keep offering us photographs that make us think about how we can make the world a better place.


**Agustí Carbonell**

Fotógrafo nacido en Barcelona en 1951, ha realizado su carrera siempre vinculado a los medios de comunicación. Desde finales de los años setenta ha trabajado en diarios como *El País, La Vanguardia* y *El Periódico de Catalunya*. Comenzó como redactor gráfico y después asumió la jefatura de la sección de Fotografía. Ha sido profesor de «Géneros y edición fotográfica», en la Universidad Pompeu Fabra entre 1994 y 2000. Su trabajo ha sido reconocido con premios como el Fotopres en la categoría «Política y sociedad» (1983) y el Godó de Fotoperiodismo (1995).

A photographer born in Barcelona in 1951, his entire career has been associated with the media. Since the end of the Seventies he has worked for such newspapers as *El País*, *La Vanguardia* and *El Periódico de Catalunya*. He began as graphics editor and then took on the leadership of the Photography department. He has been a professor at the Pompeu Fabra University teaching "Photographic Editing and Genres" from 1994 to 2000. His work has been acknowledged with awards such as FotoPres in the "Politics and Society" category (1983) and the Godó in photojournalism (1995).

PHoto**Bolsillo**

Director de la colección / Series Editor
Chema Conesa

Coordinación / Coordination
Doménico Chiappe

Diseño original / Original Design
Fernando Gutiérrez

Traducción / Translation
Anthony Hadley / f3translations

Fotomecánica / Photomecanics
Cromotex

Impresión / Printer
Brizzolis



ISBN
978-84-15691-86-0

Depósito legal
M-20224-2014

LA FABRICA

Editor / Publisher
Alberto Anaut

Directora editorial / Editorial Manager
Camino Brasa

Director de Desarrollo / Development Manager
Fernando Paz

Director de Producción / Production Manager
Rufino Díaz

La Fábrica
Verónica, 13
28014 Madrid
Tel.: 34 91 360 1320
e-mail: edicion@lafabrica.com
www.lafabrica.com

Una coedición entre / A Coedition Between

LA FABRICA    cromotex ARTES GRÁFICAS DIGITALES    BRIZZOLIS arte en gráficas